产品三观

贾伟 著

中信出版集团 | 北京

图书在版编目（CIP）数据

产品三观 / 贾伟著. -- 北京 : 中信出版社,
2021.6（2025.11重印）
ISBN 978-7-5217-3080-7

Ⅰ. ①产… Ⅱ. ①贾… Ⅲ. ①企业管理－产品开发
Ⅳ. ①F273.2

中国版本图书馆CIP数据核字(2021)第071797号

产品三观

著　　者：贾伟
出版发行：中信出版集团股份有限公司
（北京市朝阳区东三环北路27号嘉铭中心　邮编　100020）
承 印 者：北京尚唐印刷包装有限公司

开　　本：787mm×1092mm　1/16　　印　　张：16.75　　字　　数：240千字
版　　次：2021年6月第1版　　印　　次：2025年11月第8次印刷
书　　号：ISBN 978-7-5217-3080-7
定　　价：69.00 元

人有三观，好的产品也有。

推荐序一

贾伟的进化之路

创业黑马集团董事长　**牛文文**

贾伟好像一个大师，他的人格魅力和演讲天赋，使得他无论是在一对一、一对多，还是百人千人的大场合，大家都会自然而然地被他所吸引，他的讲话总是能让人产生共鸣。

贾伟其实是中国工业设计领域的先行者、挑战者和颠覆者。

10年前，贾伟的公司叫洛可可设计，当时，他是《创业家》杂志的采访对象。我到他的公司，他热情地向我介绍他的几百位设计师和摆满一个大房间的经典设计陈列，津津乐道于他们获得的“红点”设计奖。那时的贾伟，还是一名首席设计师。

5年前，贾伟成了一个叫“洛客”的互联网平台代言人。在黑马社群大会上，他滔滔不绝地讲述如何用互联网思维颠覆设计行业的理念，那时候我们才知道，他已经不满足于做一家头部设计机构，他自己也不满足于仅仅做一名首席设计师，他想为中国的设计师人群打造一个互联网共创平台，当时已有三四万名设计师上线。

洛客风行一时。

两年前，贾伟又开始向我讲述他的新构想，他又不满足于做设计师的平台，而要做整个中国设计供应链的升级。他深入景德镇、莆田这样的产业城市，深度帮助当地的传统产业，做产品设计和相关供应链的改造。

也就是在那个时候，我请他来黑马开办创业实验室，希望他把从头部设计机构到互联网平台，再到设计行业供应链改造的各种创业尝试，把他的心路历程、实践和思考分享给黑马创业者。

贾伟与黑马合作的创业实验室叫“产品创新黑马实验室”。最初，我们做的是“产品三观”课程，希望把他二十多年来做产品设计的经验总结成一套理论体系，传递给更多的黑马，让他们能够真正从用户视角出发，形成体系化的产品打造方法论，创造出爆款产品。

在帮助学员构建产品体系的过程中，我们发现，很多创业者不仅仅需要理论体系，还需要有人真正地、更深入地进入他们的企业，实地了解其技术、供应链，了解用户诉求，帮助他们完成产业“重做”。于是，贾伟在创业黑马学院率先开启了“一对一小灶”模式，他与学员经常几天几夜在一起“头脑风暴”，有时也把他的团队带进来。无疑，这种“小灶”模式花费了贾伟和他的团队很多精力，但它的价值也更大了。贾伟给出的不再只是一套方法论，而是一整套深入到企业组织、市场、品牌、竞争力打造等各个环节的综合解决方案。

然后，贾伟在授课中又发现，很多创业者都在说消费升级，却不懂美学。于是他又和我们合作开发了“商业美学”这门课程，帮助创业者提升产品美学、品牌美学、空间美学、体验美学、服务美学，乃至IP美学，通过沉浸式的体验，带着大家去感知美、体验美，然后再去创造美，用美学为创业赋能。

有人说十年可以看透一个人，我却觉得这十年来，贾伟越来越让我看不透了。从金牌设计师到互联网创业者，再到一个产业的革新者和创业实验室的导师，贾伟的格局越来越大，他在不停地自我颠覆。

这些年来，我能感受到贾伟的团队和学员深受他的影响，在原有的坚毅、勇敢、热情和一点点疯狂之外，渐渐多了一些更高层次的思考。传统的洛可可设计师，或者一名畅销书作者，奉行的是单打独斗的个人英雄主义，但是，如果没有价值观的彻底改变和提升，像洛客、产品创新黑马实验室这样以扶持他人为己任、追求共赢为目标的平台是无法建成的。

所以，在产品创新黑马实验室继续开办的同时，我们出版这本书，把他在实验室中的升级和研究成果呈现给大家。希望他的思想能够传递给更多的创业者，帮助他们创造出更好的产品，打造出更好的品牌，让更多的创业者在创业路上沐浴“美”的阳光。

推荐序二

和用户做朋友

小米科技联合创始人，高级副总裁 **刘德**

我参访过不少企业，这些企业的墙上、宣传册子上通常会有用户至上、客户是上帝之类的话，看上去非常重视用户。仔细一问，老板和高管们却绝少和用户打交道，也不知道自家的产品究竟卖给了张三还是李四——用户至上、客户是上帝之类的标语就成了空话，真正能做到以用户为中心的企业凤毛麟角。

小米通常被外界当成粉丝经济的典范。的确，在科技企业中，真正拥有粉丝的屈指可数，比如苹果、索尼、任天堂，再有就是小米。经常有企业家到小米参观，要学粉丝经济。大家有所不知的是，小米粉丝经济的诞生，有其独特的时空背景。

我们把时间拉回到十年前，智能手机正是年轻人关注的焦点和讨论的热门，这是个自带流量和热度的题材。当时的年轻人很不容易，找工作很难，买房子太贵，回家还要被父母教训，不被人重视，到哪儿都被忽略，整体弥漫着些许悲观和压抑的情绪和气氛。这时，突然冒出这么一家公司，要专门为他们量身打造一款智能手机，特别认真地征求他们的意见，好意见还真正变成了产品的一部分，这在以前是难以想象的事情——对这些年轻人来说，这件产品是他们共同参与打造的产品，这家公司仿佛成了他们自己的公司。这就是小米粉丝经济的背景，脱离这些背景做粉丝经济，是很难的。

粉丝经济难以复制。和用户做朋友，小米倡导的这一条，却值得大家借鉴。我们要把握好尺度：既不要把用户抬得太高，说什么用户是上帝，用户说什么都是对的；也不能藐视用户，总以为自己的产品、自己的技术就是天下第一，用户不买自己的产品就是不识货。正确的姿势应该是和用户做朋友，既然是给朋友做的产品，当然就要货真价实、真材实料，朋友当然还要有朋友价。这就是小米所说的感动人心、价格厚道，其实没有什么高深莫测的东西，这不过是朴素的真理，却鲜有人做到。

很多企业把产品卖出去了，最害怕用户打电话。用户打电话，必然是维修或是退货，本来赚到的钱就要吐出去。对于真正有用户思维的企业家来说，货卖出去了，才是我们和用户建立联系的第一步。二十年前我和爱人一起留学美国，装修房子时从超市买了一桶油漆，买回来打开包装往墙上一刷，发现颜色不对，不是自己想要的，抱着试试看的心态去超市退货，结果人家二话不说，直接给我们换了一桶新的。这对于刚从国内出去的我们来说，觉得挺不可思议的。仔细想想人家才是真精明，虽然损失了一桶油漆，却赢得了顾客的心，这个顾客的终身价值远远超过这一桶油漆的钱。

我们要享受用户的终身价值，就要跟用户建立高频连接，不但要有高频连接，还要有情感纽带。小米每年都会举办“米粉”节，和“米粉们”一起嗨一起玩；春节，我们还要邀请“米粉”的代表来小米吃年夜饭；平时我们通过社交媒体平台、论坛的形式，随时和用户保持紧密的沟通……点点滴滴汇集起来，我们就有了和用户的高频连接和情感纽带。我们做的，不再是冷冰冰的生意，而是有温度的生意。

90后的用户已经登上历史舞台并且成了消费主力军，他们出生于物资丰裕的时代，拥有更高的学历、更开阔的眼界，对于产品优劣好坏的判断能力也更强；他们是天生的互联网土著，每个人都是一个传播的节点……以用户为中心，和用户做朋友，就成了我们的必然选择。贾伟的这本新书，系统性地阐述了用户思维，从用户视角、用户场景、用户共创，到用户服务、用户体验，把用户这件事掰开了揉碎了详细讲解，相信无论对于做企业还是做产品做设计的朋友，都会很有启发。

自序

因痛而生：打造真正的产品思维

2014年，我异常清晰地记得那是一个周六下午，电视里播放着动画片，通过感受自己孩子的痛苦，在自责的知觉中我顿悟到产品必须顺应痛点需求做出改变。

那天，我和父亲在家中陪两个孩子看动画片，恬静地品味着与一岁半和3岁的两个孩子之间宝贵的亲子时光。小女儿渴了要喝水，父亲利落地去厨房倒了一杯刚烧开的热水，想着等温度降下来再让孩子喝。考虑到怕孩子被烫到，父亲还特意把杯子放到了桌子中间。但孩子太渴了，便在桌边跳起来伸直胳膊不断地够杯子，结果杯子上的拉绳被猛地一拽，满满一杯开水泼到了小女儿的半张脸和胸口上，瞬间皮开肉绽。孩子痛苦地叫着，我惊惶无措地握住女儿的手臂，两个父亲都傻了。

在去往医院的过程中孩子疼晕了两次。医生说女儿烫伤很严重，要住院15天，考虑到一岁半的孩子不能控制自己，所以手和脚要绑着。晴天霹雳，我慌张地问医生，我们能进去照看孩子吗？医生说怕细菌感染，所以一天只允许进去看30分钟，其他时间只能在外面。隔着玻璃看到孩子在里面哭肿双眼撕心裂肺地喊，我慌乱地在原地焦急地踱步，痛恨着自己的粗心。父亲颤抖地攥着一叠检查单，红着眼像个犯错的孩子一样不敢直视我。殊不知，我也格外羞愧和懊恼。

晚上和家人轮换陪护，我回家准备拿几件换洗的衣服再去医院守着。忙碌中余光瞥到那个跌落在地上静静躺着的水杯，我发怔了几秒。一个再简单不过的盛水产品，到底烫伤过多少人？又有多少人在烫伤的痛苦中懊悔过自己的粗心大意？产品需要服务于人，而作为一个设计师，我无比惭愧。做洛可可10年了，做了近3000个客户项目，拿到了120多项国内外设计大奖，可是我连自己的孩子都保护不了。那一刻，我第一次对自己产生了怀疑。

通过这件事，我第一次用“痛苦”感受到了用户视角，我意识到还有很多未被满足的用户需求和场景。当我们用三个月认认真真地践行“用户五法”，即用户视角—用户场景—用户共创—用户服务—用户体验这五个环节以后，做出了55度杯。产品一上市就戳中了被唤醒的需求，被妈妈们喜欢，被孩子们喜欢，成为受市场热捧的现象级爆品，创造了中国国产品牌的推广和销售奇迹。

为什么这么多年来只有喝水杯和保温杯，却没有降温杯这个品类？难道没有人被烫吗？不可能，我的女儿就经历过这样的事情，我自己小时候也曾经被烫过。后来我询问了身边的一些朋友，他们在不同年纪也都有类似的经历。我忽然意识到，我们身边还有很多问题没有被解决，并且我们总是习惯在自己身上找原因，却从来没有质疑过可能是产品功能性的缺失造成了这些问题。我又想起女儿就诊医院的烫伤科，几乎都是被烫伤的孩子。发现痛点，洞察人性的同理心，聚焦场景，从而着手改变，往往可以成就伟大的产品。

我经常举这个例子，优步的创始人在外面打车却怎么也打不到，突然慈悲心在脑中反问了他，为什么这么多年没有一个可以在室内打车的软件呢？而就是这种想法，让他创造了优步这样的线上打车产品。

优步这件事我反思了一个月。我也天天打车，我也看到老人打车、孕妇打车，怎么没有萌生这个同理心呢？出租车存在了多少年？我们又如何默认、被规定只能等在原地伸出手才能打车呢？怎么没有想过做这个软件呢？这是一个典型的由一个小痛点撬动巨大出行市场的例子。所有的根源都来自同理心和慈悲心，这就是用户视角。

一个小小的杯子让我找到了一束光，开始思考如何从用户价值找到产品价值，如何发觉并保持对这个世界的同理心和慈悲心。

这些对产品观的思考和理解，后来也逐步梳理成为体系，形成“产品三观”，这也成为我想要写这本书的初衷。

后来几年，由于企业自身发展的需要，我开始学习和研究企业战略。我发现从战略角度看，构建一个正确的产品观尤为重要。创业之初有几个阶段，所谓的初创期，一个是从0到0.1，另一个是从0.1到1，后面才是从1到10，从10到N。在0到0.1阶段，最核心的是你的用户；0.1到1的阶段，最核心的是产品。我们经常看到的误区是，拿着完美的渠道、第二次创业的资金，还有强大的品牌效应、极强的组织能力使劲地砸向市场，可是产品能力是0.1，用户没找到，这些往上面叠加的资源无疑是海底捞月。不管是我们服务过的创业公司，还是我所知道的一些创业朋友，活得很好和死掉之间有一个特别大的区别，那就是懂不懂产品，有没有构建产品观。产品定位的准确性直接决定企业是否能够实现持续战略性增长。而每一款产品都应是前一阶段战略结果的体现，也是下一阶段战略目标实现的工具。这个认知也让我更加坚定了写书的决心，我希望和大家一起去探究企业的价值。我认为企业的价值就是为用户提供好产品。

2019年，我受邀担任产品创新黑马实验室的导师。学员们给予我的正向反馈也是助推本书顺利完成的一个极大因素。有人说这使他重新领悟到产品的含义，学会了从“用户会怎么想”开始思考产品三观；有人说他重新找到了清晰的品牌方向，并通过世界观获得了坚定前行的力量；有人说他对服务设计有了全新的理解；有人说他受到无限游戏的概念启发收获了创业的新方向。直到现在，学员还会不时与我交流他们在好产品打造上的一些新想法、新动态，这种感觉很奇妙。

从内容上说，本书共分为："用户产品的三观逻辑""用户视角：从利己到利他赋能""用户场景：不变的用户，流动的场景""用户共创：只要用户聚集，就会产生创造""用户服务：用户需要服务，而不单单是产品""用户体验：体验是消费行为的催化剂""用户全局观：构建用户全局观才能实现真正的产品创新"，共7章。

在第1章中，将首先介绍我所定义的"产品三观"。如同人有三观，一款好产品同样具有三观：用户观、价值观、世界观。用户观，考验的是企业对于用户的理解程度。"知我者，谓我心忧，不知我者，谓我何求。"用户观要求企业设身处地地为用户着想，切换到用户视角，站在用户的角度，了解用户需求的本质。价值观，即产品引申出的用户价值、商业价值、组织价值，乃至社会价值。世界观，反映了创始人对于世界的深度思考，对未来世界发展趋势的认知。用户观决定一款产品可不可以做；价值观决定是否能做成；世界观决定是否能做大做强，走得更远。在这里，我着重强调，构建正确的用户观，一切以用户为原点，学会真正理解用户，这是创造好产品的基础和前提。

用户观由用户视角、用户场景、用户共创、用户服务以及用户体验五个重要部分组成，因此，在接下来的第2章至第6章，我会针对每一个部分进行详细的讲解。其中，里面提到的用户痛点的五点洞察、用户场景的挖掘和创新、用户共创的三大原则和五大实现路径、服务设计的三三原则、打造超预期用户体验的四个方法等大量的方法论和模型、工具，是基于洛可可亲自操盘过的案例提炼总结而成，其中不少也是首次公开。另外，几乎每一章节我都尽可能加入一些真实的案例来进行辅助说明，这些微观实操方面的讲解，大部分来自服务客户的经历，也有一部分来自我的观察。通过这些内容，希望你可以找到创造好产品的钥匙。

作为总结，我将在第7章分享三个实战模型，演示如何将上述五个模块融会贯通，通过最简模型完成一个新产品的打造。而在这个过程中，核心只有一个：用户。无论是用户视角、用户场景、用户共创、用户服务还是用户体验，其最终目的是要打造出一个让用户满意、能够为用户带来愉悦感受的产品。而只有明确每一部分对于企业构建整体用户观的意义，才能产生全局观念，也才能更好地理解用户，打造出真正意义上的用户产品。

或许受限于我的经历和水平，这本书还存在着诸多不足和亟待指正之处，但你至少可以相信，我对待这本书的态度足够认真，同时，我相信它的意义是偏向于积极的。希望广大读者在阅读过程中可以不吝赐教。关于本书的一切建议，欢迎通过我的抖音号（jiaweilkker）或邮箱（Jiawei@lkkdesign.com）给我留言，共同交流。

感谢我的老朋友牛文文，我的好搭档李毅超、徐微、陈兵、李凡聪、黑马团队和中信出版社的编辑老师们，在这一年多的时间里始终支持我的写作。你们的鼓励和帮助引导着我顺利完成了全部书稿。衷心希望这本书能够带给你一些启发与思考，能够让你领略到“创造好产品”的魅力所在。

创造好产品，让每一个人享受到设计的美好，这是我的理想，也是我的使命。

谨以此书，献给我最亲爱的家人和读者。

2020年11月26日于北京

目录

1 好产品是有三观的

前面说到烫伤的故事，我的第二个故事是买电动牙刷的经历。小女儿8岁的时候，有一天突然跟我说想买一款电动牙刷，我一想孩子注重个人卫生习惯，必须积极支持，于是殷勤地拿出手机说，爸爸公司就做过电动牙刷，我帮你选一款吧。结果她果断地拒绝了。于是小女儿花了三四天时间，刷着抖音和快手平台上介绍电动牙刷的视频，有模有样地给我讲了一通关于电动牙刷的技术、工艺等知识点，最后买了一款自己喜欢的电动牙刷。我想再测试一下，就说爸爸也想买电动牙刷，你帮爸爸选一款。结果她又看了两天视频，然后郑重其事地帮我分析了年龄、牙齿情况等维度应该怎么选牙刷，什么样的牙刷既经济又实用。

通过这个故事的消费洞察，我切实感受到了产品适用度与消费者不断迸发的个性需求之间的碰撞。物质决定意识，随着产品理念与形态的不断演绎，加之犹如探囊取物般的触媒环境，消费者的意识也在不断地对物质产品进行着反应和思考。

消费者已经觉醒，变得更聪明、更专业、更懂自己的需求，这是一个不可忽视的现象。他们作为消费者，对于产品的外化需求和内在感受都已经非常个性化了。从这个层面看，消费者的想象力甚至超越所有的供给者。这里所说的想象力，包括消费者更专业、更加理解自己。我们喜欢的，他们不一定喜欢；他们喜欢的，那真是特别喜欢。

用户时代已经到来。创造未知的新流行的核心及底层逻辑是，从企业视角的设想转化到用户视角的知觉，洞察用户的需求与欲求，从而创造好看、好用、好卖的创新产品。因此建立正确的用户观非常重要。

用户时代的产品打造逻辑

物资短缺的工业时代，产品的创造往往以企业为主导，仅勉强满足了用户的基本需求；而在经济发展迅速的今天，用户已经逐渐成为市场的主角，我国传统的制造逻辑已经转向以用户为主导的时代。今天的用户最关注的不是品牌和渠道，也不是你有多少资产和实力，而是你的产品是否懂我，是否能触达并且满足我的需求，用了你的产品会不会让我变得更好。

我们已经进入了一个比拼产品力的时代，而产品背后反映的则是一家企业对用户的洞若观火。产品的好坏，最终由谁来评判？当然是用户。因此我认为对于当代企业而言，最重要的是具有深度挖掘和满足用户需求的能力，我把它叫作产品创造的“读心术”。也就是说产品创造要把用户放在核心位置，一切资源配置都要从用户的需求出发，真正创造用户价值。

这样解释，也许大家还是会觉得抽象，我们可以从几个具体的维度来说明，我将其称为“产品三观”。做人有三观，产品如人，做产品也有三观：微观层面，产品用户观；中观层面，产品价值观；宏观层面，产品世界观。在本章，我试着通过这三方面的描述，让大家对产品有一个由浅入深的理解。

产品三观冰山模型

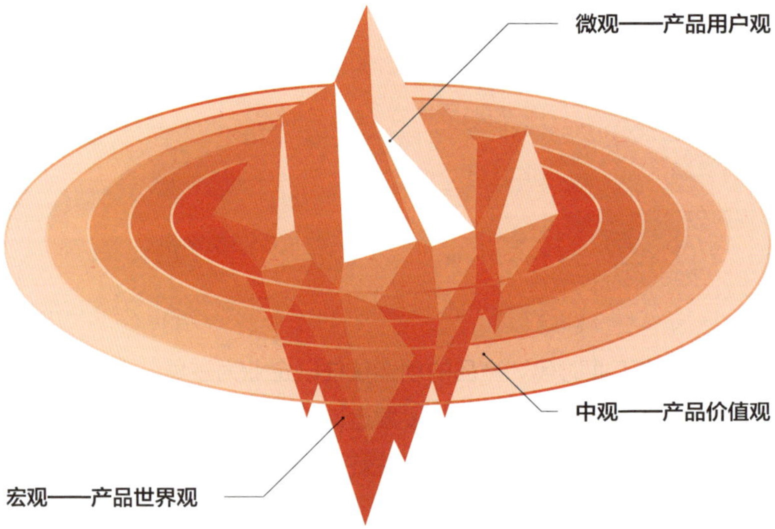

微观：产品用户观

产品用户观，就是要完全站在用户的角度，从底层逻辑进行思考：用户是谁？用户在哪？用户的痛点是什么？用户价值是什么？

如果这些问题依靠传统的问卷调查我们很难得到真正的答案，因为很多时候用户并不知道自己真正想要什么，只有你将产品做出来放在他们面前，他们才会恍然大悟：原来这才是我想要的。乔布斯曾经说过，如果当初福特去问用户要什么，那得到的答案一定是“一辆更快的马车”，但实际上用户真正需要的是一种更快捷的交通方式——汽车，更快才是需求的本质。无论是企业还是用户，我们都很容易陷入锚定效应的旋涡，就像上面讲到的马车的例子，我们的思维往往会被通过参照得到的第一信息所左右。从马车到更快的马车，线性思维就像沉入海底的锚一样，把你的思维固定在某处。当然，线性思维在不同场景有着不同的意义和作用，只是在厘清产品需求这个事情上并不适用。所以，今天我们在进行产品创造之前，必须建立明确的底层用户观，摆脱锚定效应的迷惑，用完整的用户思维去思考探寻答案，在同理心原则下尽可能了解用户的真实感受和诉求。如果我们不能深度地剖析用户，就无法真实、完整地获得用户痛点，也就产生不了和用户的共情和价值。

构建正确的用户观是创造好产品的基础，更是产品三观里最重要的一点。用户观是基石，越过用户观去探讨价值观和世界观则不成立。

用户观决定我们能否和用户产生关系，这决定着我们创造的是不是用户所需要的产品。之所以将其归纳为微观层面，是因为用户观非常细密、多样、丰富，甚至一人存在千面；而且它非常真实，就在眼前，就在我们的身边。

我们可以通过同理心，穿越这些细小的、微观的点，继而感知用户痛点。所有的价值挖掘都在这些细小的点上。当前市场上存在的许多好产品，都是因为在某个细分领域找到了一个正确的切入点，挖掘出了一个用户痛点。

比如优步的创始人就是看到了“打车难”这一痛点，并以此作为切入点创造了优步这样的线上打车产品，由一个小痛点触动了巨大的出行市场。我们可以回想一下当线上打车产品还没有出现的时候，我们是如何被动地接受着这毫无体验感的服务？寒风凛冽、骄阳似火……以前大家都是这样忍受着，无奈地站在路边打车。但如今，我们在舒适的室内就可以远程打车。在优步这个例子中，技术不是最关键的，关键是拥有对人性洞察的同理心和慈悲心，并付诸行动。因此我认为今天所有能够在微观用户观方面挖掘出巨大价值的产品经理，都是非常伟大的。

本书的重点是帮助大家构建一个完整的、正确的产品用户观。如果通过这本书，让你对产品用户观有了不同的认识和提升，我将感到非常欣慰。

中观：产品价值观

什么是产品的价值？产品的价值是由用户来定义的。所以，产品价值就是用户体验价值。

所谓用户体验价值，是指用户体验到的产品价值，它不是资本、技术或者品牌价值，而是那些真正满足了用户需求，为用户带来愉悦的体验价值。

普世的产品价值是有歧义的，很多企业会认为规模价值等于用户价值，或技术价值等于用户价值，或品牌价值等于用户价值，这些理解都有偏差，是不准确的。

用户体验产生用户价值。而产品价值观是一个由痛点到卖点的过程。

有的朋友可能听说过我做指甲刀的故事。帮助可宝公司设计的炫彩指甲刀是我第一款获得国际设计大奖的作品。

当时，我刚成立不久且仅有四个人的公司，接到了一个设计指甲刀的项目。客户对产品的定位是时尚生活用品，他们希望做出一款小巧、时尚，可以放在女士包包里的指甲刀，并要求这款指甲刀的定价为 40 元。这让我有些吃惊，因为我用的指甲刀也就几块钱。于是我开始去市场上考察，结果让我感到非常不可思议。市场上高价指甲刀并不罕见，而且销量也很可观，我亲眼看到一套标价两千元的指甲刀不到半个小时就卖出了两套。

传统指甲刀通常是作为家庭清洁工具出现在我们生活中，但是现在要打造的是一款时尚生活用品。家庭清洁工具和时尚生活用品到底有什么不同？除了性能，两者最大的不同体现在外观上。

家庭清洁工具通常个头较大，看起来不美观，而时尚生活用品则恰恰相反，它要求轻薄小巧、多彩细腻，甚至还需要带一些神秘感。出于这种考虑，我对指甲刀进行重新包装，为其穿上一套衣服，经对比，最终选择了小牛皮作为材料，并且为小牛皮设计了许多不同的颜色。这款产品一经推出，就受到了用户的追捧，迅速成为爆款，同时还获得了红点奖，而这无疑又进一步推动了该产品的销售。

我为什么经常提起这个故事？因为它对我的冲击和影响极大。一个小小的指甲刀颠覆了我对产品价值的理解——指甲刀的价值由用户来定义。定价3~5元的指甲刀，用户认为它是家庭卫生清洁工具，家里人共用一个，此时的产品价值是满足最底层的需求；定价30~50元的指甲刀，用户认为它是时尚生活用品，随时随地都彰显着自己对于品质的追求，会随身携带放在自己的包里。观念的转变，让我看到了产品设计的机会。

创造什么样的产品价值是由你需要被满足的用户来定义的。只有建立起真正的底层产品用户观，才能构建真正的产品价值观，以终为始，以始为终。

宏观：产品世界观

苹果公司创始人史蒂夫·乔布斯有一句名言：活着就是为了改变世界。他构建了一款产品的世界观，就像寒武纪生命大爆发，开启了智能产品的世界。

在这里，我想跟大家探讨一下：是不是每一款产品都能改变世界？答案是否定的。那你想不想做一款改变世界的产品？

改变世界的产品需要构建一个世界观，一款产品就是一个世界。

微信创造了熟人社交的世界，抖音建立了我们创造和分享的世界。

一花一世界，一叶一菩提。一款好的产品能够改变我们的世界，让我们的世界变得更高效、更便捷、更美好。它映射出创始人对这个世界的思考和理解，它在改变人类社会的发展。

所有伟大的产品背后都有一个目光宏远的创始人，我们和伟人最大的差别就是在世界观上。这些有世界观的产品极具生命力，由于把握了用户需求，它们源源不断地产生用户价值，从而被更多的人使用和喜爱，最终变成了这个世界不可缺少的一环，而创造这些产品的创造者也在历史长河中被人们铭记。

就像爱迪生发明了灯泡，将人类带入了照明时代；卡尔·本茨和戴姆勒发明了汽车，颠覆了传统的邮政马车运输业。IBM（国际商业机器公司）发明第一台计算机之后，经过了大型机到微型机的飞跃，从台式个人电脑、笔记本电脑、平板电脑，再到现在的智能手机，一直不断地迭代着使用场景。埃隆·马斯克在创造宇宙互联网和火星基地，诺贝尔和平奖的得主穆罕默德·尤努斯创造了穷人借贷新模式……他们由最初对用户的同理心变成了对世界的慈悲心。他们的案例诠释了产品的世界观，需要有创造的初心，也要有改变世界的决心。这种世界观培养的是对未来的认知和深度思考，需要从上帝视角看人类的过去和现在。

最后小结一下。做一件事，用户观决定了可不可以做，价值观决定了能不能做成，而世界观决定了能不能将这件事做大做强甚至穿越时间。

所以，打造一款产品，首先要构建正确的用户观；然后，建立与用户观相协同的组织战略；最后，如果企业想要大成，创始人自身必须要有宏大且深远的世界观。其中用户观是基础，是我们首先要确定的事情。当然，也有不少伟人选择反其道而行，先构建世界观，再构建价值观，最后构建用户观，并且也取得了非凡的成就。但是我并不推荐这种做法，因为从简单的商业逻辑来讲，用户观更有效且更容易入手，而世界观却不是一蹴而就的，世界观需要长期的积累和理性的哲学思考才能建立起来，甚至需要一些天赋。

产品用户观：从“我”到“我们”

功能时代，产品的需求中心是企业，背后是技术、设计、产品，这是绝对的线性思维。信息时代，用户是需求的中心，企业、科技、渠道、设计等一切因素都要围绕着用户，供需关系由过去的“我”和“你”变成了“我们”。所以，我们打造产品的思维也需要相应发生改变。一个好的产品经理要做大“我”，就要能够把“我”（企业）和“你”（用户）连在一起变成“我们”，要看到更长久的“我们”，这是我所强调的产品的用户观。

建立用户观的前提是我们需要拥有用户思维。什么是用户思维？我们先来思考一个问题：当洗衣液用完时，你会选择什么途径购买？大多数人的选择是外出购买或线上购买，这是大部分用户购买产品的决策路径，也是传统服务下的产品思维。但是用户思维不同，用户思维要求最大限度地为用户提供便捷——可不可以设置成自动购买？

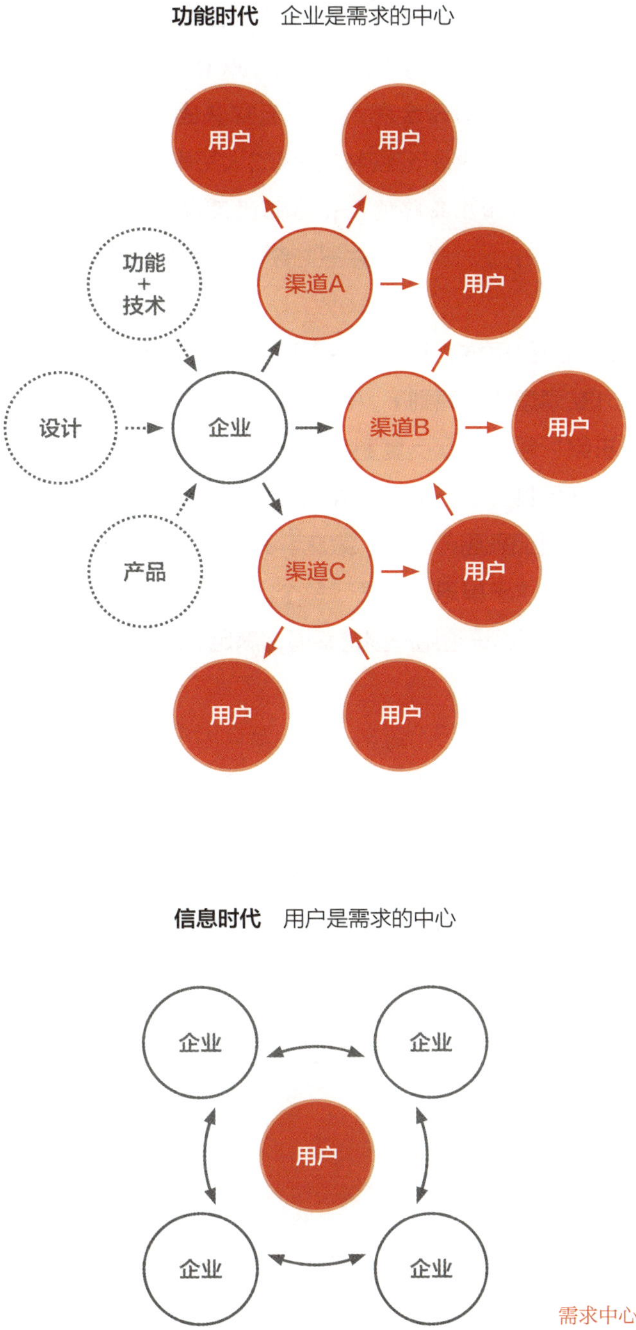
功能时代 企业是需求的中心
用户
用户
功能
+
技术
渠道A
用户
设计
企业
渠道B
用户
产品
渠道C
用户
用户
用户
信息时代 用户是需求的中心
企业
企业
用户
企业
企业

需求中心的转变

> 比如亚马逊就推出了“一键购买”按钮，将其粘贴在洗衣机上，洗衣液用完用户按下按钮就可以自动下单，等待送货上门。这款产品给我们的启发是，它是可以迭代的，比如可以设计成不需要用户操作，洗衣液没了，系统会参照用户的喜好自行下单选择相应品牌购买；冰箱里没鸡蛋了，系统将参考以往的购买行为，自行选购一定数量的鸡蛋……

对比传统的产品思维，新的产品创造思维就是用更少的逻辑、更多的情感，在同理心的原则下，尽可能了解用户真实感受和用户诉求。尝试新事物、新技术，反复测试对用户观的理解，将用户价值最大化。设计产品其实是一个了解人性的过程。一个人的一生通常喜欢追求三样东西：兴趣、工作、家庭。兴趣体验满足感，工作追求成就感，家庭寻求幸福感。当然，每个人追求的重点有所不同，所以我们的产品需要尽量给用户创造幸福、满足、成就的感觉。

好产品不是产品经理闭门造车，一定要有用户的参与，所以，真正的好产品永远不能忽视用户的力量。产品最终面向的是用户，所以最有权力也最有能力发现问题的还是用户。毕竟，实践是检验真理的唯一标准。同样，市场也是检验产品的唯一方式。评判产品好坏的裁判只有一个——用户，而判断好产品的唯一依据是用户是否接受并喜欢这款产品，所以我们在打造产品的时候，更多要考量的是用户是否对我们觉得对的理由也同样认可。

产品价值观：从利己到利他

这里的“价值”我们同样可以从三个方面去解读：用户价值、商业价值以及社会价值。

首先，是用户价值。我认为最重要的一点是我们的产品能够解决问题。仔细观察不难发现，在你我的生活当中，大多数产品都有其存在意义，能够帮助用户解决问题、创造价值。比如防水拉链、隐藏于衣领中的帽子的价值就是帮人们应对天气变化问题，快餐盒和一次性筷子的价值就是帮助人们解决食物外带难题……这些产品的存在让我们的生活变得更加方便，这是产品提供的用户价值。

以我们生活中常见的白瓷杯子为例，它只有一个把手，没有任何图案和特殊造型。但如果仔细观察我们会发现，这个看似简单的杯子上其实隐藏着很多有价值的小设计。比如杯口是圆的而不是方的，这使人们喝水的时候更容易贴合嘴唇；

把手的设计，具有一定摩擦力，不容易滑落；杯子的容量大小适中，刚好够喝一次，太小不够喝，太大水容易凉；杯壁也刻意做成一定的厚度，开水倒入后不会立刻变得很烫……因此，如果用“解决问题”的标准来衡量，这个杯子虽然不出众，但肯定是合格的，是具有用户价值的。

提醒大家一下，很多时候所谓的“创意”只是解决问题过程中的副产品，当我们对一个问题的洞察足够精准，又找到了合适的方式去解决它的时候，令人赞叹的创意就出现了。

其次，是产品价值观里的商业价值。当你的产品具有能够让用户认可的产品价值之后，我们要设计一些卖点，然后借助一定的商业模式，实现产品价值的商业化输出。需要强调的是产品价值观的输出与用户观相连，如果用户不买单，你的价值观永远无法输出成功。所以价值观的修炼要始终以用户为核心，观念要从利己转变为利他。当出现利益冲突的时候，才是真正体现价值观的时候。

我们知道，参照以往的交易模式，在正式设计产品之前，我们通常要经历与用户确定需求、报价、签协议、开立项会等多个流程，平均历时长达30~50天，极为浪费时间。基于这一点，我们尝试推出了“先跑”这款产品模式。怎么理解？也就是说我们不需要报价、签协议，不需要立项，只需要了解一下用户需求就开始设计，这就为用户提供了极大的方便。

“先跑”的创意，最早来自我创业之初的一段经历。当时一个公司需要做产品设计，和我一同竞标的还有其他两家企业，那时的我刚刚创业，可以称得上是“三无设计师”：一无名片，二无电脑，三无案例。所以，在竞争上并不占据任何优势。前两家公司在会议室里与客户交流一段时间出来后，都表示交流过程很顺利，按照惯例，准备回去进行评估后再报价，而这个过程需要一两周的时间。

我是第三个进去的，当时的负责人听说我名片、电脑、宣传册都没有带，顿时有些烦躁，认为我是在故意搅局，简单交代了需求之后就让我回去报价。我说：“我不报价。我现场给你做方案。”之后我就花了4个小时的时间，现场为用户提供了十几套方案，用户当时就选中了其中的两套，并支付了部分定金。回去后三天我就将方案补充完整并收到了尾款。从见用户到提供方案一共只用了四天，在其他两家公司都没来得及报价时我已经把钱收完了。但是今天的洛可可比原先的设计公司报价时间还长，平均需要30天时间，许多单都被抢走了，所以我在考虑能不能借鉴我当年的经历，推出“先跑”。推出该项目的关键就是我们必须要学会成就用户，让用户及时满足，无风险、无负担。

然而，该项目的设计结果却让我非常不满意，原因是在产品规定中有九条都是对用户的要求，反之则是对自我的保护。比如用户必须把需求写得特别清晰，提案的时候禁止用户拍照等。这样的产品观是存在问题的。我认为，我们应该首先站在用户的角度去思考问题。

这个项目对我触动很大，我们的产品经理经验丰富，也曾设计过很多非常出色的产品，而且他也对我当年的经历有所了解，但是最后出来的“先跑”80%的逻辑都是错的。所以，一款产品的底层产品用户观如果不构建起来，在发生利益冲突的时候，人都是倾向于选择利己，而今天的商业模式要求利他赋能。

最后，是产品价值观里的社会价值。顾名思义，就是你的产品能够为整个行业乃至整个社会带来的价值。比如，网约车的出现改变了人们的生活方式，并为出行行业带来了巨大变革；智能手机的出现带动了整个手机产业链的改变……当然，并不是所有产品都具有社会价值，很多时候，只有当产品形成一定规模效应后，其社会价值才会得以凸显。

今天，很多企业讲价值观都讲得很宏大，其实把核心价值观做得朴实无华的公司，往往更能成就大业，因为大道至简，极其明确、直白、简单的道理往往更有生命力。

有一次我在飞机上遇到了西贝集团创始人贾国龙，聊天时他问我，你们公司的核心价值是什么？这个问题我竟然没想过，于是我反问他的公司核心价值是什么？他说很简单，就三个：一、非常非常非常好吃；二、非常非常非常干净；三、非常非常非常热情。

我问他，这三个有前后顺序吗？他说，有，好吃是第一，干净第二，热情第三。因为价值观确定了之后，公司要定战略和组织，哪个价值靠前，你的组织、资源等就要优先向这个价值倾斜。比如服务在海底捞的价值观中排首位，那么海底捞的组织心智就倾向于服务。因为好吃是西贝的核心价值观，西贝的组织资源更多倾斜在好吃上，西贝的标语就是：闭着眼睛点，道道都好吃。

价值观可以叠加，可以有无限追求，这主要取决于你的组织能力。价值观自上而下排序，组织资源倾斜的方向也会随之调整。哪个价值放在最前面，你的团队、战略、资源等就要更多地向那个方面倾斜。今天，华为、阿里集团的价值观追求已经是多维，拥有多个价值观逻辑。但是，如果你的公司刚刚起步，规模还不是很大，我建议你不要追求过多产品价值观，一两个就已经足够，否则会得不偿失。

产品世界观：
从过去到未来

世界观是极长极远的东西，从用户角度来看，产品世界观影响着价值观，你的团队愿不愿意跟你干，用户愿不愿意为你的产品买单，其实很大层面上取决于你有没有构建一个正确、宏大、深远的世界观。那么怎样判断一个人的世界观？很简单，我们只需要参考以下几个方面：

产品世界观模型

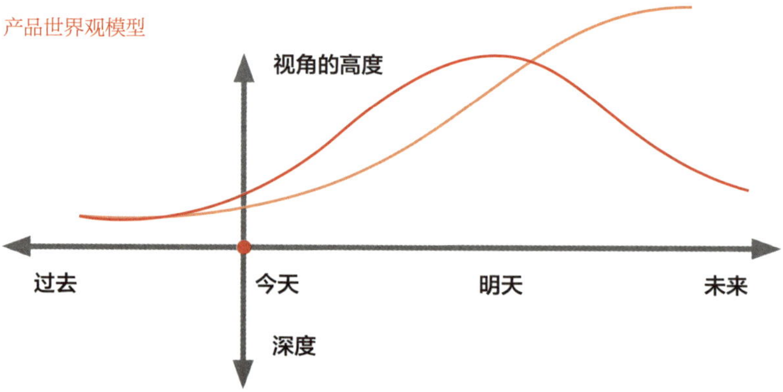

首先，看视角的高度，看问题的视角是否足够高，你站得越高，你的格局就越大。

其次，看思考问题的深度，能不能把问题看得更加透彻。

最后，要看问题看得有多远，能否看到中国未来二十年的发展趋势，能不能从过去看今天，从今天看到未来。举个简单的例子，在和我父亲下象棋时我最多只能看三步，而我父亲总是看五步，所以我从来没有赢过他。

总之，要想成大业，就必须要构建超越常人的世界观。回到产品世界观，如果想做大产品，做有生命力的产品，就必须学会构建产品的世界观。产品的世界观处于三观最底层，也可以理解为世界观是产品的地基，地基越深，上面的楼就可以盖得越高。相反，如果根基不稳，产品的生命力就不长久。

> SpaceX（美国太空探索技术公司）和特斯拉汽车的创始人埃隆·马斯克是我非常欣赏的一个人，他做的火箭，发射一次要花掉其积蓄的 1/4，前三次尝试都失败了，而他的积蓄只剩下 1/4，如果第四次再失败，他就彻底成了穷光蛋。这种情况下他依然选择了再次尝试，为什么？因为他为自己构建了一个宏大的底层世界观。
>
> 他创立 SpaceX 的初衷是："我们之所以没去火星，不是因为不想去，而是没有能力去，所以我决定创建一家公司，减少太空旅行的开支，同时改进火箭技术。"在他的眼中，未来地球极有可能遭遇重大灾难，或陷入巨大的环境危机，届时人类将必须移居到另一个星球上去，而火星是一个非常好

的新选择。他说：“我宁愿在火星上死去，而不是坠毁其上。我在上大学的时候，就一直想参与能够改变世界的事情，现在我正参与其中。”

他所创办的特斯拉也是基于对于地球未来危机的预测。谈到创立特斯拉的初衷，马斯克表示：“我认为地球面临的最大问题是可持续能源的困境，也就是如何用可持续的方式生产和消费能源。如果不能在21世纪解决这个问题，我们将灾难临头。”正是这个特别的底层世界观支撑着他不断走下去，甚至帮助其说服了投资人。一个人的底层世界观最能够体现这个人的野心，人们可以通过这一点判断他是想赚点小钱还是改变世界，并且愿意为你的世界观买单。

不得不说，马斯克真的是一个非常特别的人，如果大家对他有所了解，一定会发现他底层世界观的构建都是建立在物理学原理、机械论世界观、量子力学世界观等基础之上。所以，如果想做大产品，想做有生命力的产品，我们需要构建一个宏大的产品世界观。

最后我想要强调的是，如果你想大有所成，越早构建自己的世界观越好；如果你想要成就大业，不妨现在就开始注重知识力量的积累，构建一个足够宏大的底层世界观。当然，这是一个漫长且艰苦的过程。

如何构建用户观

从某种程度上来说，产品所反映的是企业对于用户需求的理解程度，产品的背后是产品用户观。

为什么强调用户观？因为这个时代所有的好产品都来自用户内心的声音。

所以，我希望大家不要通过浅层认知去审视产品逻辑，而是要挖掘深层认知结构，甚至包括产品背后的价值逻辑、利益逻辑等多个方面对产品进行剖析，从用户利益出发去思考产品存在的问题，建立真正意义上的产品用户观。

那么到底如何构建用户观？如何将“我”变成“我们”，和用户一起创造好产品？

用户思维听起来非常简单，做起来却并非易事。在讲解构建用户观的逻辑之前，我们先一起来认识一下构建用户观的五个主要模块：

用户视角

用户视角要求我们一切从用户出发，从用户的角度看问题，设身处地地为用户思考。传统产品打造讲究“同理心”，也就是需要产品经理学会换位思考，将自己切换到用户角度，去领会用户的情感以及心理和物质上的深层需求。但是今天的用户已经不仅仅满足于产品功能或服务，而是希望能够全面参与。因此今天的用户视角要求我们做的并不是简单地跟随和观察用户，而是要学会与用户建立各式各样的连接。

用户视角是以人为核心的，让用户去主导决策，在这个过程中，销售倒成了其次，关键是要经营好跟用户的关系，这样才能带来更多的互动和连接，以及更丰富的机会。

用户场景

传统的应用场景是指特定时间、特定空间的具体消费场景，但到了数字时代，场景被赋予了新的功能——产生大量新数据。用户聚集产生数据，同时数据又带来更多的用户聚集。

今天，数据的计算已经进化到可以推导出用户的潜在需求，然后我们可以基于一个个细致、准确的未来生活场景的构建让这些用户需求变得真实可见。

> 比如我们可以想象一下，未来的汽车是什么样？今天的汽车，已经不再是一种单纯的交通工具，它更像有车轮的智能手机，在不同的场景中，都有新的身份。我们在新能源汽车的智能网联设计中，对未来汽车场景的探索是这样的：它可以在车快没电的时候帮你找到下一个充电桩的位置；在到达充电桩之前，系统早已为你推荐好充电桩周边有哪些美食、娱乐等消费场所。同时它可以在汽车出问题的时候，通知呼叫中心或最近的维修点来帮助你。甚至当用户撞车受伤的时候，智能后视镜会立刻接入服务人员，快速询问车祸状况和用户的受伤情况，随后系统还将迅速接入人工诊疗端口，联动医生在线帮助诊断。如果是可以自行处理的轻伤，智能后视镜会告诉你处理方法并提供贴心的心理辅导。而在服务的最后环节，它还会接入保险理赔人员并且尽快处理完理赔流程。

工业时代产品往往是孤立存在的，而今天，产品和场景、用户共同存在，数据的出现使我们可以更精准地掌握用户需求，从而创建更全面的智能生活场景。

用户共创

用户共创，就是与用户一起进行产品创造。过去的产品创造一直以产品经理、设计师为主导，而在崇尚用户思维的今天，因为信息扁平化，场景把大量用户聚集起来，用户可以在不同的空间中讨论同一件事情，从而产生了极强的创造性。用户在场景中聚集产生的数据流产生了共创，这就是用户创造产品。

在一场以孤独为名的发布会上，由洛客与喜马拉雅联合打造的“小雅 AI 音箱”终于揭开了神秘的面纱。这款基于喜马拉雅亿万收听数据和内容沉淀的“内容型音箱”，截至发布会当天，首发的 5 万台产品就被一抢而空。

洛客联合喜马拉雅共同建立了“声音实验室”，并通过全新的全民众创模式，发起了一场“设计声音之美——为 3 亿双耳朵做设计”的系列众创活动。

众创活动覆盖了 37.5 万用户，其中 2.5 万用户直接参与为自己的真实需求和愿望发声，使其成了史上参与人数最多的众创事件。同时，我们也锁定了三类用户：空巢老人，独生子女，在外求职者。从真实用户的口中得知，他们需要的是一份“孤独”的慰藉，继而这也成为小雅的产品定位。

喜马拉雅推出的小雅智能音箱，是一个非常典型的共创案例，从用户需求探索到产品外观设计，再到产品设计与试用，每一个环节都有用户参与，可以说小雅是大众智慧的结晶。

用共创的方式打造产品，不是以专业产品经理的角度去分析、猜测用户会需要什么，而是把产品经理、产品生产者和使用者等所有的利益相关方聚集到一起。通过用户群体的扩大，产品可以不断优化、趋近潜在需求，同时，在产品打造过程中各种相关利益方的接触点也更加清晰化、具体化。

用户服务

当今最大的改变是从产品时代转变为服务时代，服务的节点比产品丰富得多，且不一定需要拥有产品。工业时代的产品都是小产品，需要批量化对外宣传。信息时代的产品是大产品，强调社交，强调服务，同时，服务也是产品不可分割的一部分，更是用户观中非常重要的一个因素。产品的交易时间很短，但服务却是一个持久的过程。很多时候，用户真正需要的不是产品，而是直抵内心的服务。

用户体验

这是个体验至上的年代，用户体验决定产品生死。

我们常说，用户即体验，体验即用户。用户即体验，指用户最后所追求的就是好的体验。在用户选择权得以充分释放的今天，用户消费很大程度上追求的就是精神上的愉悦和良好的消费体验。今天的产品第一个要跨越的就是用户鸿沟，之后才是服务鸿沟、体验鸿沟。体验即用户，简单来说就是体验好就能聚集用户。

用户视角、用户场景、用户共创、用户服务以及用户体验是构建用户观不可或缺的五个重要模块。用户观讲究体验至上，所以用户观的构建最终还是要回到用户感受上来。

前面我提到在设计产品时我们需要尽量给用户创造幸福感、满足感、成就感，具体到构建用户观的每一个要素上，我们可以分别打造用户五感。

用户五感

第一感：价值感

用户视角第一感是价值感，用户调动以往沉淀的个人经验和消化的外部信息去衡量价值，所以构建用户视角最重要的目的是要为用户创造价值感，让用户感受到产品的价值。这里的产品价值感，从用户端来看，可以分为两大类，一是价格敏感型。应用马斯洛的需求层次理论解释，这类用户更重视基本需求——生理需求及安全需求。他们注重衡量产品本身带来的利益是否与需求价值对等。另一类是价值敏感型，他们更重视特定产品带来的有利于提升社交价值和身份认同的尊重感，以及满足内心对产品某个维度下的偏爱和狂热。对应马斯洛需求层次理论模型里的高级需求——社交需求，尊重需求，自我实现需求。

理解产品价值感对于企业有什么帮助？比如，对应前者比较实用的产品，企业就可以多强调产品本身带来的利益，放大自身差异化和性价比；而针对后者，则需要放大产品之外的价值和意义。

第二感：沉浸感

在心理学研究中，沉浸感这个词并没有统一的定义，心流理论之父、积极心理学奠基人米哈里 · 契克森米哈赖曾经在其著作《心流：最优体验心理学》一书中将其定义为“一个人非常专注于做某件事，从中感到愉悦和满足，甚至忘记了时间的流逝”。用户场景的打造就是为了更好地激发用户的沉浸感。只有当人完全进入某个具体情境中，将不相关的知觉全部过渡掉，才更有可能进入一种沉浸状态，所以早期许多人也习惯将“沉浸感”称为“临场感”。

第三感：参与感

用户共创是参与感，用户要参与进去才能共创。心理学实验研究证明，对于同一种观点，参与过讨论的人比没有参与过讨论的人明显更有认同感。由此人们得出结论，当一个人在一件事上投入的精力越多，参与得越深入，越容易对这件事情产生认同。

第四感：满足感

用户服务的要点就是最大限度地提升用户的满意度，为用户创造满足的感觉。当人的某种需求得到实现时，就会产生一种愉悦、幸福的感受，这就是满足感。

而满足感的高低一方面和个体需求程度有关，比如一天没有吃饭的人饱餐一顿后的满足感就要远远高于正常值；另一方面，满足感和个体需求种类有关。根据马斯洛的需求层次理论，人的本能需求有高低之分，同时需求也分为经历过或尚未经历的，因此其所获得满足感的阈值和强烈程度也会有所差异。

第五感：愉悦感

在今天这个泛产品化时代，我们常常探讨用户体验，那么用户体验到底是什么？许多人认为，用户体验更多的是关乎产品的可用性、易用性。而实际上，用户体验远不止“能用”和“好用”，它还关乎用户的主观感受。

狭义的用户体验是指用户对某款产品的五官反馈和易用性的主观感受，这是一种比较普遍的认知；而广义的用户体验是指用户对某款产品在使用之前、使用期间和使用之后的全部感受，包括情感、信仰、喜好、认知印象、生理和心理反应、行为和成就等各个方面。加瑞特在其著作《用户体验的要素》中这样定义用户体验——用户体验是指产品如何与外界发生联系并发挥作用，也就是人们如何“接触”和“使用”产品。据此我们可以看出，用户体验的主体是用户，对象是产品，关键在于用户接触和使用产品过程中所建立的感受。感受是主观的，由此用户体验也是主观的。

因此，千万不要低估愉悦感对于用户体验的提升作用。上面我有提到沉浸感，而愉悦感产生的前提往往就是用户已经沉浸其中并且产生了心流，而心流的产生同时会迸发出高度的兴奋感和愉悦感。通过设计为可用的产品增添令人愉快的体验，同用户产生情感缔连，这才是用户体验设计所要做的事情。只有为用户带来最优质的体验，让用户感觉到真正的愉悦，产品才能真正走进用户内心。

用户五感是终极思维。理念世界决定现实世界，一个人的五感世界决定了他对这个世界的感知。今天的用户消费行为更多的是源于兴趣而不是功能，用户眼中的好产品不再是传统工业时代的简单功能性产品，更多的是兴趣性产品。

这个时代与传统时代最大的不同是，只要能够打动用户，即使你的产品看起来百无是处，也可以称之为好产品。所以我一直在强调，要想打造一款真正意义上的好产品，需要学会真正理解用户，因此构建正确的用户观是一件非常必要的事情。

2 用户视角

从利己到利他赋能

第1章我们介绍了产品三观和用户五法。基于这个框架的理解，本章我们切入用户五法的第一模块——用户视角。

所谓用户视角，其实是指站在用户的立场去思考问题。以用户为核心，不难理解，但一到具体实践上，就很容易出现问题。并不是人们不够聪明，而是在数亿年的进化过程中，几乎所有生物都会本能地从自己的角度去思考问题。

举个较为常见的例子，很多营销人员对用户视角就比较陌生。当我们逛街买东西的时候，大部分店员一上来会推介他们的产品如何好，有哪些新特性、优惠等，这些其实都是从店员自身视角出发，没有站在消费者角度，也就是“同理心缺乏”。

相反，如果店员先大概了解客情，然后再针对消费者想了解或者在意的信息做推荐，可能更容易获得认同和成交。换句话说，用户视角，是“他想要”，而不是“你想给”。

转化为用户视角，并且把用户视角植入产品创新的每个阶段，是构建用户观的第一个挑战。

不同时代，不同的产品打造逻辑

任何时候谈产品打造，都离不开时代背景。社会在不断向前，商业模式在不断改变，产品的打造逻辑也应该随之发生变化。

企业视角：把企业得失放在第一位

传统工业时代，人们生活水平较低，那是一个物资相对匮乏的时代。彼时，人们对产品的需求更多地建立在满足基本生活需求的基础之上，因此当时的产品以功能性产品为主，企业在打造产品时更多从本位出发，站在产品创造者本身的角度思考，更多地考虑企业的得失。

> 比如七八十年代，几乎家家都有相同的大花脸盆和暖瓶，全国各地都一样，样式非常单一，大家去开水房打水，所有的暖瓶放在一起，很容易拿混，所以都会给自家的暖瓶做记号，有的绑手绢，有的甚至用粉笔写上名字，还有的自己手工为

> 其编个套，所以并不是大家不需要更多的款式，不需要差异化，而是因为在那个供不应求的时代，对于工厂而言，交付订单才是第一位的，没有动力在新款式上投入，因为根本不用担心产品销量问题。即使后来出现了很多新款式，也是因为竞争对手多了，迫于竞争的压力才不得不推陈出新，还是基于自身得失考虑做的决策。

这是典型的企业视角，企业得失永远是第一位的。

消费者视角：花钱买服务

随着时代的不断向前，人们的生活水平得到了极大的提高。供大于求的年代里，人们对于产品的追求开始由最初的满足基本生活需要转变为追求更多精神愉悦感，人们的消费需求变得多元化。同时，互联网的出现，彻底打破了时域的限制，给了人们更多选择的机会，在这样的社会大背景下，传统上以企业为核心的产品打造模式已经行不通，越来越多的企业开始注重消费者的感受，产品打造思维逻辑逐步由企业视角切换到了消费者视角。

什么是消费者视角？我们来看一个案例。

> 2019 年 6 月，一名网络账号为“老师好我叫何同学”的北京邮电大学学生，在网络上发布了测试学校 5G 网络速度的视频，引发了众多网友关注。6 月 6 日，该视频在 B 站的播放量高达 790 万次，获得了 8.4 万个弹幕。视频中，他用实际体验向我们展示了 5G 网络将会给人们生活带来的影响，引发了人们对于 5G 生活的思考。值得一提的是，在他的体验中，手机处于 5G 网络时，下载测试速度平均达到 700M，但是在

没有开通会员的某云平台上速度却不足100KB。对此，他调侃道，5G“在体验上唯一和4G甚至3G时代一脉相承的只有没开会员的××云了”。

700M和100KB是几千倍的差异，这差异的背后就是消费者视角造成的鸿沟。某云平台就是消费者视角，你是我的消费者，你就可以享受更快的下载体验，你不是我的消费者，所以你的下载速度就严重受限。企业可以为你提供良好的服务，创造良好的用户体验，但这一切都有一个大前提：你必须在我这里消费。

“用户是上帝”的口号被各个企业喊了很长时间，但是这上帝似乎有些委屈，被要求消费，被要求听从商家规则……所以在传统的产品思维中，真正的上帝并不是用户，而是企业，是产品，企业可以为消费者提供优质的服务，但是这一切一定是建立在你购买了我的产品、你在我这里消费的基础之上。所以，消费者视角下产品思维的本质仍然是利己，仍然是以企业自身的得失为重。

用户视角：未来企业的产品打造逻辑

在产品过剩、人们的选择权得到充分释放的今天，用户已经变得更有想象力，更有自己的见解，他们不会因为你的一个广告就为你的产品买单。所以，我认为这个时代里产品打造应该围绕用户进行，我们要站在用户的立场去发现需求和建立场景。得用户者得天下，只有真正懂用户、通过用户去创造产品的人才能在残酷的市场竞争中脱颖而出。这就要求我们从用户视角出发，真正做到以用户为核心，去赋能用户、成就用户。

什么是用户视角？我给大家讲个小故事：

有一天，我和女儿一起逛街，突然女儿想要去卫生间，当时我们附近有好几家中餐馆都有卫生间，但是女儿却坚决要去 500 米外的麦当劳，我问她为什么，她说不在餐馆里消费她不好意思去那里借用卫生间，但是麦当劳不同，那里即使不消费也可以去卫生间。

为什么会出现这样的差异？归根结底就是因为早期的中餐馆和麦当劳的经营视角不同，早期许多中餐馆的经营是典型的消费者视角，我们在它那里用餐、消费，我们才是它的用户，我们才有权力享受它提供给我们的一切服务，包括去卫生间，我们和它的联系是建立在“消费”的基础之上。但是麦当劳不同，即使我们不在那里用餐、消费，我们只是在那里暂时休息，暂时借用它的设备，我们也是它的用户，这就是用户视角。

消费者视角重营销，而用户视角更多的是注重沟通，注重和用户关系的经营。麦当劳、肯德基店中永远存在因为休息而停留的人，甚至会有一些人将随身携带的食品、饮料拿到店中享受，即使是用餐高峰期，麦当劳的工作人员也不会对这些人进行驱赶，在他们看来，这些人都是他们的用户。虽然这样会对店中翻台率造成影响，但是却成功赢得了这些用户的好感，让他们和这些用户成了朋友，这就为它们之后销售空间的拓展打下了基础。这就是为什么今天的麦当劳即使销售豆浆、油条也同样有人买单的主要原因，这就是用户视角的魅力。

用户视角下，企业的经营范围已经从有形实体慢慢扩展到无形的操作与服务层面，因此产品的打造也从产品终端延伸至整个产业链，从产品到服务，从包装到商业策略。

就像人们去麦当劳并不一定买汉堡一样，人们到星巴克也绝不单纯为了一杯咖啡，人们还可以在这里寻求一个与家不一样、比办公室更放松的社交空间。这恐怕是更多人的真实需求，咖啡不过是一个载体。

互联网时代，整个商业的基本模式和思想都在转变，互联网与大数据正在让企业以高效率、低成本的方式与客户进行海量连接，迫使其商业范式也发生改变。可以肯定的是，在未来，基于用户利益的产品打造战略比传统上以企业利益为核心的产品打造战略更有优势。

用户视角与企业视角、消费者视角的不同

在和企业交流的过程中，我发现，当前大部分企业只有消费者视角，没有用户视角。在许多企业眼中消费者就是用户，所以他们理解的用户视角就是消费者视角，这是个典型的错误认知。事实上，消费者视角也是企业视角的一种延伸，本质上还是企业视角，这两者与我所说的用户视角有本质区别。具体差异主要体现在以下四个方面：

以企业利益为重 vs 以用户利益为重

无论是企业视角还是消费者视角，都强调以企业利益为重，从企业角度来看，只有发生了购买行为的人才可以称为用户，不消费就不是我的用户。而用户视角则要求从用户的角度看待问题，这里的用户是指产品所面向的所有人。今天的产品打造要求我们更加注重用户的价值与利益，让用户去主导决策，并和用户建立深层的互动与

连接，做到真正意义上的利他，这意味着当用户利益和企业利益发生冲突时，应该把用户利益放在首位。

用户视角要以用户利益为重

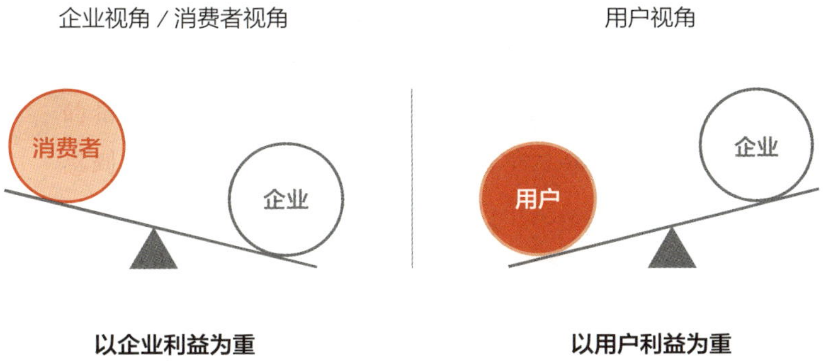

以产品为核心 vs 以人为核心

企业视角和消费者视角都讲究以产品为核心，消费者要围着产品转，而用户视角讲究以人为核心，产品围着人转。

怎么理解？以产品为核心，就是考虑消费者是否喜欢这件产品，如果不喜欢，为什么不喜欢？而用户视角就是去思考消费者到底需要什么。

> 我们以一个简单的例子来解释，比如我们去一家餐厅却不消费，从消费者视角来看，会觉得很奇怪：“不吃饭为什么要来这里？”但用户视角却不同，你消不消费并不重要，我并不是单纯卖东西，一个不吃饭的用户到来说明他一定有某种需求，而我正好可以提供给他。

对人的尊重，建立在“人”的基础上还是“产品”的基础上，这是用户视角与企业视角、消费者视角最大的不同。

以产品为核心 vs 以人为核心

企业主导 vs 用户主导

从企业视角和消费者视角来看，企业与消费者之间的关系是企业主导，消费者被动接受，而用户视角则恰好相反，由用户主导决策，企业去实现。

企业主导 vs 用户主导

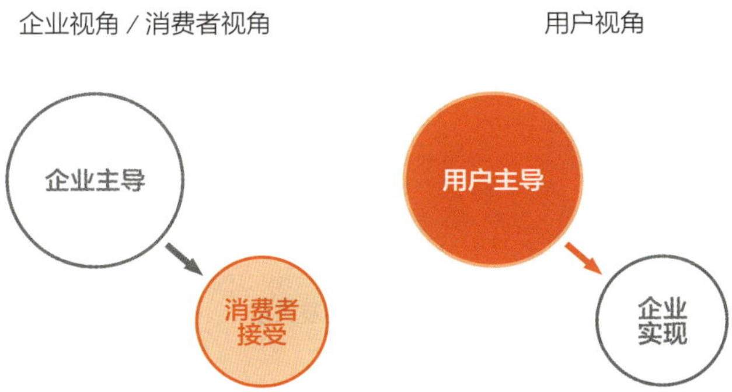

比如上面我们提到的样式单一的大花脸盆和暖瓶，产品的样式完全由企业决定，消费者没有选择的权力，只能被动接受。但是用户视角则不同，产品设计完全取决于用户需求，企业需要做的，是了解用户需要什么样的产品，然后再去满足用户。在这个过程中，用户处于主导地位。私人定制化产品、C2M（用户直连制造）模式的出现形象地证明了这一点。

买卖关系 vs 朋友关系

企业视角和消费者视角是典型的“我”和“你”的理念，我是销售者，你是我的客户，我从利益的视角看你。企业和消费者之间是单向单次的买卖关系。而在用户视角，企业与用户之间需要沟通，建立深层的互动与连接，两者是朋友关系，“我”和“你”变成了“我们”。

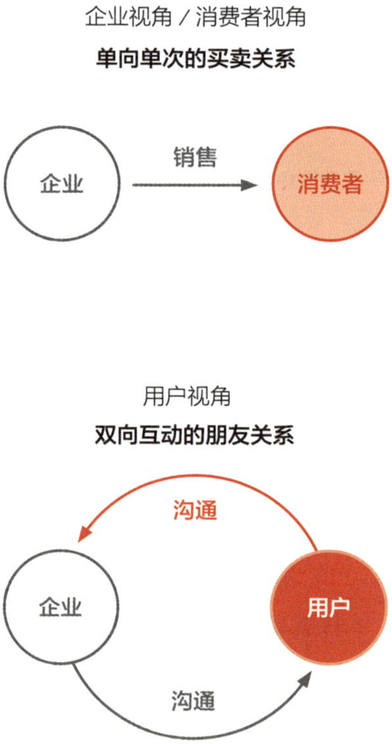

买卖关系 vs 朋友关系

你一定见到过星巴克咖啡店某个时候邀请正好在店里消费的用户和店长一起品尝最新口味的咖啡。你一定在苹果店里看到过中间的一张桌子上一位“苹果天才”在为用户讲解 iOS 系统的用法，用心记录下用户的问题和抱怨。同样地，几乎所有的互联网产品都有一个用户评论的模块，这些就是企业为用户开设的沟通桥梁。关注一下我们的孩子，他们在线上买东西和我们有什么区别？很多孩子是一定要在收货后撰写评论的，自己不会写也要大人帮着写，而大人并不一定都会这样做，为什么？孩子们的主动反馈其实就是在和商家交朋友。

从企业视角和消费者视角来看，企业和消费者是两个独立的个体，他们是单纯的买卖关系，二者的目标是不同的，企业的目标是将产品卖给消费者，消费者的目标是希望能够从产品中获得价值；而从用户视角来看，企业和用户是朋友关系，他们的目标有一致的地方，比如二者都希望产品能够为用户创造价值。

新时代的产品打造要求一切以用户为核心，这听起来简单，但一到具体实践上，就很容易出现问题。立场不同，所以企业与用户的关注点注定有所差异。所以，我们面临的第一个任务，就是要转换视角。没有谁比用户自己更了解什么是好产品，因此，只有将自己放到用户的位置，通过用户的视角去观察、思考，才能打造出更加符合用户心意，让用户真心喜爱的产品。

用户需求：所有产品都来自用户内心的声音

转换为用户视角，最重要的一点就是要充分理解用户，准确洞察用户需求。当然，最难的也是这一点。我们的产品创造力与对用户洞察的深刻程度是成正比的，洞见越深，需求的本质就越清晰，所影响的群体就越广，打造爆品的机会也就越大。过去，用户需求是被塑造、被揣测的，所有成功的产品基本都离不开对用户的深度了解。

> 比如华为当年的一款热门产品"接入服务器"，市场份额占到了90%，创意就是来自用户拜访，在拜访中成功捕捉到国内用户拨号上网的"大容量"和"支持7号信令"等特殊需求，与用户一起开发出了畅销产品。

从用户需求中寻找产品创新方向，这一点，其实从未改变。

过去，我们习惯用定性研究和定量研究两种方法来分析用户的需求。为了解用户，我们常常会在特定的情境下，观察并分析用户的行为、习惯和情景，比如拍摄视频、照片等，尽可能积累更多原始数据，然后把所有的数据整理成图片、笔记，再进行统一的定性分析。但是在今天，对于需求的获得已经不再是点对点的探索模式了。今天的消费者已经变成了自我洞察者。今天，许多品牌都在努力建设自媒体粉丝群，从本质上来说，就是在传播中寻找用户，并收集用户需求与产品反馈，这是企业对于用户需求的深层渴望。而要明确用户需求，就需要我们真正懂用户，至少要从以下三个纬度对用户有一个全面的了解。

用户在哪

要想准确探索用户需求，我们必须明确自己的用户群体，知道我们的用户群体是谁，主要集中在什么地方。

> 曾经有人找到我们希望设计一款女性用品，沟通过程中，我发现他对于用户并没有一个明确的定位，他希望的用户群体年龄在 16~64 岁之间，月收入 2000~200000 元，简单来说，他希望全国所有女性朋友都能够成为他的用户。

这是一个不可能完成的任务，在物资充裕的今天，普适化的产品已经很少见，几乎没有一件产品可以同时满足所有人。所以要想洞察用户需求，必须明确用户群体，对其所处地点、年龄进行精准定位，确定目标用户是在一线城市还是三、四线城市，年龄偏大还是偏小，等等。不同地域、不同年龄、不同收入情况的用户消费能力、消费习惯都存在着很大差别。

用户喜好

你需要了解用户的喜好。用户的喜好有一个完整的体系，比如他喜欢穿什么样的牛仔裤、什么样的T恤，喜欢听什么样的音乐和开什么样的车，相互间是有一定关系的。“用户喜好”与“用户在哪”构建出相应的用户场景。需要注意的是，这个场景不是由品牌创造的，而是出自用户，它是基于用户喜好和产品产生的一个时间和空间关系，因此，“用户喜好”和“用户在哪”必须产生交集，才能创造价值。

> 给大家分享一个案例。由于现在雾霾严重，人们经常看不到星星了，在这样的背景下，我们想到人们可能对仰望星空这件事充满兴趣和需求，于是我们打造了一个有内容有场景的产品——仰望星空，让人们到全世界去看星星、做设计。我们可以到沙漠、海岛、高原等各种各样的地方仰望星空，我们带着全球1000名设计师，在全球100个城市，共同仰望星空，激发他们的创造力。

通过这样一个场景，我们带给人们全新的思维和想象，缓解了他们内心的焦虑。这个场景式消费里面的核心用户是年轻人，他们需要释放压力，渴望找到心灵的归属感，这就是充分了解用户需求的情况下产生的想象力。

用户数据

你要知道有多少用户喜欢你的产品并会在场景中使用，很多时候数据比用户更懂用户，所以用户数据决定了最后会不会围绕痛点产生共鸣。

在知道用户在哪、了解用户喜好和掌握用户数据的基础上，你才能锁定你的用户。时代在变，市场大环境在变，风口也在不断发生变换，但是有一点我可以肯定，任何时候的所谓风口，一定都是出于用户的真实需求，没有需求的产品不可能站在风口上。风口的寿命很短，通常只有短短几年时间，只有站在用户角度、建立在用户需求上的风口才能产生持久的生命力。

痛点共鸣：从垂直到破圈

挖痛点比懂用户要难，为什么难？懂用户是侵入式的，你侵入到用户中，和用户在一个时间点、一个空间点慢慢出现的时候，你会懂他们的生活习惯、喜好和他们所在的地方。但是你要挖到用户的痛点，需要底层构架和内心逻辑。

我们可以将痛点分成五个洞察：痛点、萌点、笑点、泪点和爽点。泪是一时之泪，痛是一直的痛。市场上曾经轰动一时、引起用户关注的产品很多，但能够真正成为超级应用、持续受到用户追捧的产品屈指可数，大多数都昙花一现，最终销声匿迹。为什么会产生这种区别？究其根本就在于其产品是否真正抓住了用户最痛的那个点。

我举个例子，我们曾经和某著名汽车品牌合作，当时我们的设计师专门针对汽车智能化的要素进行了调研。结果很多设计师调研之后兴奋地对我说："我们发现一个绝对痛点，很多人关车门要使很大劲儿，我们可以让关车门这件事变得轻松一点。”开始我也觉得这一点挺不错，但是后来我又追问了一下：“你问的什么用户，有车还是没车？”设计师说：“没车。”我又问：“那这些用户是不是经常打车？”他回答：“好像是。”听到这些答案，我大失所望，大多数出租车因为经常开关门，所以车门不好关，以至乘客有关门比较费力的感觉，所以这个并不是真正的痛点。

所以痛点要有金字塔，要挖到真正的痛点、绝对的痛点，只有抓住塔尖上的痛点才能形成痛点共鸣。什么是痛点共鸣？就是产品本来是针对某一类精准人群而设计，但最后却能受到更广泛范围用户的欢迎。

举个简单的例子，你本来打算给18~25岁的女性做一款产品，结果没有想到，18岁以下的女性也喜欢，25岁以上的女性也喜欢，这就是痛点共鸣。比如“怕上火喝王老吉”这个宣传语针对的主要是怕上火的人，特别是南方人，因为南方天气较热，更容易上火，相对而言，北方人可能上火概率较低，但是王老吉在北京市场销量也很可观，这就是它的宣传语准确打穿了南北差异。为什么能够打穿？因为人人都有可能上火，王老吉准确抓住了用户的这个痛点，并成功将其变成了卖点。

能够引发痛点共鸣，产品就可以成为现象级产品，它从精准用户群入手，逐步击穿各个用户圈层，是当之无愧的好产品。痛点共鸣才有可能产生卖点输出，才能找到说服用户购买的理由。

前面也提到55度杯子诞生的故事。这是一个有温度的杯子，一个有爱的杯子，来自父母对孩子的爱，来自父母的痛点。记住，能够产生痛点共鸣的痛点，往往是没有被人开发的新概念，比如市场上杯子种类很多，大家最常听说的就是保温杯，但是降温杯是第一次听说，所以55度杯一出现就准确地抓住用户的痛点，开创了一个新的品类。这里又涉及一个概念——创新，我们在挖掘痛点时，一定要考虑一件事——这个痛点是不是持续的痛点，通过其打造的产品可不可以形成一个新品类？

用户语言：采用用户听得懂的语言和用户交流

“粗糙且有质感的中年男子、红领巾、黑泡、乐活人口、2333、伐木累、先苟一波、能与‘第二人生’无缝切换的最强王者、帕金森手抖人群、李菊福、火锅超长待机人群……”这是当前年轻群体中比较流行的语言，大家明白这些是什么意思吗？我们简单来看两个释义：

> 粗糙且有质感的中年男子：通常用来形容喜欢打扮的90后男性，他们虽然不太注重外表但是比较追求生活的质感。比如，他们可能会穿着睡衣和一双价格较为昂贵的皮鞋出门，会在小摊吃饭时谈论自己在高级餐厅就餐时的菜式，以此来显示自己的“档次”。
>
> 帕金森手抖人群：指网络上由于日常习惯等原因不小心犯的一些错误，比如把和同事私下聊天的信息发到公司群里；再

比如为朋友发的一些“感冒”“祈祷”等并不值得开心的事情点赞……

没错，这里的“中年男子”并不是中年人，“帕金森”也不是真的帕金森病患者，Z世代的语言就是这么与众不同。什么是Z时代？根据出生时间，用户主要可以划分为X世代、Y世代和Z世代，而当前是Z世代崛起的时代。Z世代是指1995—2000年出生的人，根据数据统计，当前我国Z世代有3.78亿人，占全国人口的27%。

中国人口比例示意图

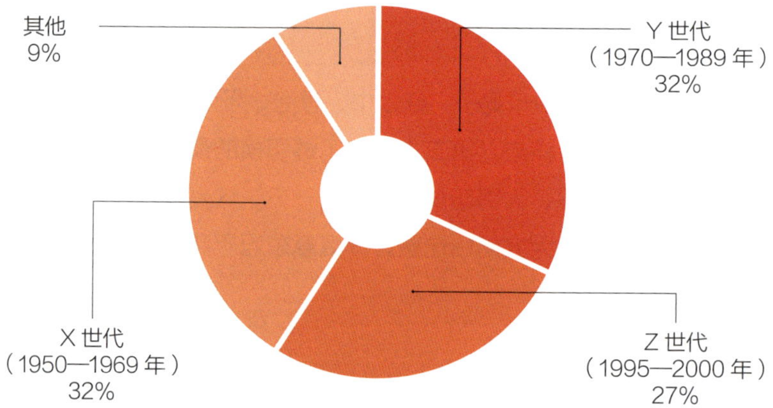

和上一代相比，Z世代用户有很大的不同：

首先，成长环境不同。作为市场经济和计划生育下的第一代，他们享受着丰裕的社会财富；作为互联网的原住民，他们在虚拟与现实中成长。新媒体的生活时代，对他们的文化环境、价值观念、审美需求等都有着极大的影响。

> 生活环境决定生活习惯和思维，比如，我的女儿从来不打字，都是直接和 Siri（苹果智能语音助手）对话，比如“我要听 ×× 歌”“我要买 ×× 电影票”，Siri 和她一起长大。她还会和我们家的扫地机说话，在她的认知里，万物都可以和她对话，这就是她的不同，而这个不同主要取决于她的成长环境。

对于Z世代而言，5G、4K、人工智能、流媒体、云上生活、智能手机等都是他们的生长环境。而正是这些环境，构成了他们不同的生活态度，和上一代人相比，他们往往更加开放和独立。

其次，喜好不同。国家经济与科技的发展，使他们拥有更为强大的民族认同感和自我认同感。Z世代更趋向于“做自己”，他们更热爱小众文化、个性化的自我表达。他们更喜欢用自己的语言和规则与世界对话。

> 资料显示，B 站的月均活跃用户达 1.72 亿，每天视频播放量达 7.1 亿次，弹幕总量超过 14 亿，原创投稿总数超过 1500 万，用户主要为 25 岁以下年轻人。作为一种全新的信息传播媒介，弹幕具有去中心化的传播特点，每个观看视频的人都可以随心所欲地发表自己的看法，可以随意吐槽，正是这种特性吸引了大量年轻用户的注意。

再者，认同不同。Z世代出生在一个互动性强、内容丰富的媒体时代，他们能够接受到的文化价值要更多元化，而他们身上“天生叛逆”的结构特性，让他们更宽容地认同一些非主流的社会现象，比如女权主义、同性恋主义、无性恋主义、不婚主义、男性美妆、医疗美容等。多元与真实并存的世界，是Z世代的世界。

成长环境不同，喜好不同，认知不同，Z世代用户是新物种。移动互联网的出现，万物互联的出现，改变了整个世界的逻辑，而正是这些认同造就了Z世代用户语言上的不同。今天的用户是自黑爱好者、短语创造者、语法颠覆者、超级想象者，他们喜欢自嘲，喜欢创造出一些新词语，我们不能以常规的思路去理解他们所要表达的意思。

语言不通，我们就很难实现真正有价值的交流，所以在语言的表达上，我们也应该随着时代的改变而改变。根据语言的表达习惯，我把语言体系变迁分成三个阶段：以前是技术语言，现在是企业语言，未来是用户语言。

技术语言

技术语言，就是在某特性领域的一些专业性语言，很难被外行理解，常用来展示产品技术的强大。过去，为了展现产品的高端和优势，很多企业和品牌喜欢用技术语言对自己的产品进行介绍。

> 比如某手机品牌在对外宣传自己的手机时，表示该产品“多功能 NFC、三摄全焦段影像系统、10 倍混合光学变焦……”，这些描述手机所采用技术的语言就是技术语言，普通用户基本没有办法理解。
>
> 再比如某空调对外宣传产品时，称产品采用了“进口涡旋压缩机、双核 IPD 联动变频技术、PMV 舒适节能……”，这些都是技术语言。

企业语言

企业语言指表达企业文化、理念以及优势的语言。

> 比如某空调的“好空调，××造”和“让世界爱上中国造”，再比如某奶粉的广告语“为全球婴幼儿提供科学营养，给他们带来一生最好的开始”，这些用来宣传和表示企业强大的语言就是企业语言。

用户语言

用户语言，即从用户角度说出的语言。不同于技术语言和企业语言，用户语言的表达方式并不是在夸产品和企业，而是告诉用户——使用产品的你们很强大。

> 比如苹果曾经推出的一段广告语言：“敬 Mac 背后的你”，主要是介绍那些使用 Mac 制作音乐的音乐家，以此来向用户传达：伟大的不是苹果，而是苹果背后的你们。该广告语一经推出，便深受年轻用户喜欢。

有效的用户语言可以让产品变成自己会说话的好产品，这才是真正的从用户视角思考。

讲完什么是用户语言，接下来我们要探讨的是如何建立用户语言。这里需要提到用户语言的三个要素：第一人称，对个人说；场景化的结果表达；以及价值利益 / 情感共鸣。

用户语言三要素

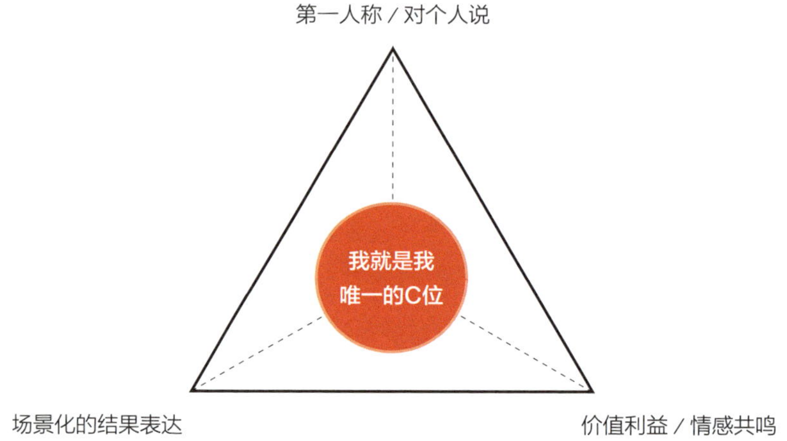

第一人称，对个人说

所谓第一人称，就是一定要让用户感觉到这句话是对我个人说的，或者它说的就是我。

> 举个简单的例子。荣耀主要针对年轻、时尚的人群，它曾经找到洛可可来为这个品牌体系做设计。当时，荣耀的slogan（口号）初步设定为"勇敢做自己"，从表面看，勇于做自己是和用户说的，但是实际上还更偏向品牌的自我表述，和华为倡导的"不一样的自己"很类似，违背了想要开拓一个和华为本身平等新系列的初衷，所以后来经过跟客户的多次讨论，我们将slogan改成：活出，我的荣耀。这种典型的第一人称的表述方式更容易引发用户的共鸣。

场景化的结果表达

所谓场景化的结果表达，就是要为我们的语言设计好相应的情景，让其在某种特定情境下达到某种效果，让人们一听到这句话脑海中就会浮现出某个场景。比如一提到“我的地盘我做主”，很多人会联想到当自己的决定备受争议时，潇洒一笑、坚持己见的场景。

价值利益 / 情感共鸣

没有价值利益或情感做连接，永远无法获得用户的认同。

> 还是以荣耀为例，荣耀在这个阶段要重塑品牌，是因为企业战略变了。当时客户要进行国际化的形象提升。在提升过程当中，品牌首先要做的是品牌沟通，也就是以用户视角与其核心用户群体进行沟通，让用户对品牌从认识、认知到认同。如何建立认知，一定要用用户的语言，用用户喜欢的方式和用户建立起情感上的联系，“活出，我的荣耀”就是在这样的场景中诞生的，既表达了荣耀要做不一样的华为的信念，也激起了用户要活出自己精彩的情感共鸣。

语言是沟通的桥梁，是人们相互交流和表达的重要工具。产品是为用户创造的，其最终使用者是用户，所以我们必须使用用户可以理解的、更容易被用户接受的语言，这样才能更好地触达用户。

数据视角：挖掘出用户的真正需求

今天，数字化产品的应用场景愈加广泛，这一点在2020年初新冠肺炎疫情期间体现得尤为明显。在这场突如其来的抗疫战争中，许多数字科技推动下的智能设备发挥了极其重要的作用。比如无人经济里的智能设备——配送机器人，就在许多新冠肺炎定点医院发挥着重要的作用，它们可以通过屏幕对医生和病人进行识别，能够准确记录每位病人所在房间以及服药时间，并按时将药物进行配送，从而有效降低了医务工作者的工作量，同时，优质周到的服务还为患者创造了良好的就医体验。除此之外，无人配送车实现了真正的无接触配送，在满足居民生活基本需求的同时，极大降低了感染概率；数字化全自动口罩机——拓斯达口罩机每小时4000片的产量也让许多人刮目相看……

2019 年被很多人称为智能应用元年，在这一年里，洛可可也开始了在智能领域的探索。为此，我曾经专门到杭州和阿里达摩院一起探讨设计这个行业如何以智能逻辑驱动未来。当时，和钉钉前 CEO（首席执行官）陈航的一次探讨对我启发很大，他表示现在我们平台虽然做得很出色，可是一个设计方案的出台过于耗时、耗力，成本高、效率低，没有办法满足大量中小企业的需求，对此他提出一个设想：利用人工智能，不需要设计师，3 秒钟就可以为客户提供 100 个 logo（标志）设计方案，这对于平台今后业务的扩展有极大帮助。

针对这一设想，我们在接下来的几个月内做了大量的尝试。当年 9 月，在阿里云栖大会上，我们成功推出 AI 赋能设计 1.0 版（水母智能设计平台前身），将原来需要花费两周左右时间的设计缩短到了 3 秒，日产量从原来的 100 个 logo 上升到两三千个 logo，价格也由原来的几万缩减到几百，业绩实现了数十倍速的增长。

水母智能利用专业素养以及算法工程师的能力，让人工智能直接替代设计师，根据用户需求为用户提供相应的产品方案，成功实现了智能化转型，时间短、效率高，且价格低廉，可选择性强，极大提升了用户体验。

数字化正在悄无声息地进入人们生活的方方面面，为人们创造越来越多的价值。我们有理由相信，一切传统生活都将被数字颠覆，一切产品都需要被数字化。纯粹的功能性产品、服务和制造，与数字化的产品、服务和制造有着本质的区别，如果你的产品和商业模式还停留在前者，你将成为时代的弃婴。基于用户数据视角去重新思考产品的定位与打造，已经成为每个企业必须修炼的技能之一。

分析市场数据，准确定位用户群体

市场是个大环境，你很难，同行一样很难。只有做到精准定位，清晰认知自己的消费群体、产品定位、品牌形象等，做好品牌和产品，才能跑赢对手。而要了解这些，数据是最好的手段。因此，在产品创造过程中，我们可以从数据出发，通过分析数据背后的规律，收集用户需求。

> 比如海底捞自嗨锅的诞生，就是源于对用户外卖数量、方便食品市场规模、中国的单身人口消费市场规模等数据的分析，从而精准捕捉到了数据背后懒宅文化的诞生。在此情况下，针对在家吃火锅、一人食火锅等新火锅就餐场景的自热小火锅便应运而生。

被用户牢牢记住很重要，你越普通，越不精准，越没有针对性，就越容易被忽略。而很多时候，数据比用户自己更了解用户。数字创造，就是要我们学会有效利用数据，看到这些数据背后的商机，用数字驱动产品敏捷研发，打造产品竞争力，把握稍纵即逝的商机。

> 以洛客为例。它近期推出了一项名为“数据参谋”的工具，即数据驱动设计，在客户需求定下来之后，能通过大数据工具的分析来确定关键的设计方向，从而更加精准地为客户提供整合设计服务。此前，客户提出了一款蒸汽刷的设计需求：外观简洁，成本控制在25~40元，售价区间69~89元，销量预期为月销量20万件以上。通过流量分析工具，比如通过销售象限分析同品类中不同商品流量所处的位置，我们为这款蒸汽刷在“外观”这一关键选项上，基本圈定了造型范围和设计方向。确定设计方向之后，再综合考虑设计师和供应链成

本等细节，最终完成成品样图。

根据客户需求，我们还可以提供数据分析看板和数据可视化报告，整个流程通过数据驱动，始终以客户需求和市场导向为开发逻辑。

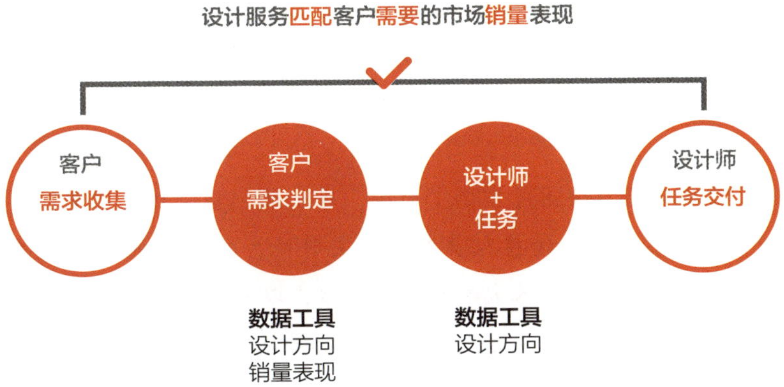

搭建数字化交互场景，判定需求

数字创造并不是指实现产品功能的数字化、智能化，而是通过为用户搭建真正的数字化、智能化的场景，而使产品与用户之间建立交互关系，在交互过程中获得用户使用数据，从而分析用户真正的需求，以此对产品进行改进，打造超越用户想象的用户体验。

打通供应链数据，减少反复修改

为了避免反复修改，用户使用产品过程中的各个环节、供应链数据等一定要保持连接，实现整个产业链的开放协同。这就要求我们要对企业供应链进行柔性改造，最快、最准确地把握用户需求。

联合利华公司总部设于荷兰鹿特丹和英国伦敦，是日化行业的知名头部企业，其旗下品牌超过1600个，产品销售面向全世界上百个国家。日化产品大多属于快速消费品，消费者购买频率高，不确定因素众多，为了能够更为精准地预测自己未来的销售情况，联合利华自2018年便开始加速推进智慧供应链的创新。依托大数据管理平台，企业能够迅速实现对供应链各环节数据的采集、查询、展示等工作，实现数字化经营。

以联合利华公司（中国）为例，每一天，联合利华（中国）分散在各地的销售人员都会不定时地查询产品的销售情况，并将相应数据输入大数据管理平台，以确保联合利华在中国总部（上海）甚至在全球总部的管理者都可以随时了解中国地区每家零售门店的销售情况。在联合利华供应链体系下，一名中国消费者随手从北京某家超市货架上取走的一瓶洗衣液，都会引发全国上千家供应商、几十万平方米的生产基地的联动反应。

借助复杂且庞大的供应链体系，联合利华成功打通了全球协同采购与供应商管理的各个环节，实现了数据的无缝衔接，从而保障了产品生产研发以及供应的高效。这一点，值得各个行业企业借鉴。

产品研发基于动态数据，协同高效

这一点非常重要，这也是前面我们强调即时反馈的重要原因。随着时间的变化，用户的痛点和需求也会发生一定变化，具体表现在行为数据的变化上，所以我们所收集到的体验数据一定是动态的，而产品研发方向需要和动态数据保持一致。

事实上，基于用户数据视角的创造，本质上就是用户用自己的创造力打造独一无二的产品，做到真正的供需合一，供给即需求，需求即供给。所以，今天企业需要思考的是能否从用户数据中挖掘出真正的用户需求，并让我们的产品与用户或者其他产品实现协同，真正做到通过产品驱动我们的行为，创造出新的产品。

用户关系：让用户成为产品的一部分

移动互联网技术的广泛应用极大地缩短了人与人之间的距离，降低了人们获取信息的成本。每个人都不再被岗位、地域所局限，每个个体都可以不再单纯依附于群体，只要你能在某一领域具备足够的价值，就可以借助互联网充分展现。技术的变化以及消费认知升级，促进了人们个体意识的觉醒，引发了个体革命，个体崛起的时代已经来临。

在这个时代里，人们的创造力得到了解放，人人都有可能成为设计师，人人都有可能打造一个全新的、充满想象力的产品。

> 打个比方，当前一个日本小朋友提出的概念，可能会由一个美国的工程师给出产品解决方案，再由一个中国的设计师最终将产品呈现出来，最后借助全球供应链的生产、运输，实现这款产品的网络销售。

这种模式的诞生，正是得益于个体的崛起。不可否认，在用户个体不断崛起的今天，企业、品牌也应该重新定义与用户之间的关系。时代在变，用户个体在不断崛起，产品、品牌、企业和用户的关系也在被不断被重构：以前被动观察，现在主动参与，未来共同拥有。

用户关系的三个阶段

被动观察

以前，用户关系更多的是被动观察大于共同拥有。怎么理解？在工业时代，打造产品的思维逻辑叫洞察，企业与品牌更多扮演的是观察者的角色，通过观察、问卷调研等方式来了解用户的特点、兴趣爱好等，并以此创造出产品来引领用户，用户则一直处于被动观察的地位。

主动参与

伴随着时代的变化，用户关系开始发生了转变，由被动观察变成主动参与。品牌和企业开始让用户参与到产品创造中来。

一方面，调研用户的数量巨大，但是价值度低。另一方面，由于时代的差异，产品设计者与新一代用户在成长环境、喜好、认同、语言等方面都存在一定差异，所以传统品牌和企业已经很难成为一名合格的观察者。除此之外，用户个体开始崛起，想法与需求愈加多样化，他们对自身主动参与的产品往往更具好感。

我们在为谭木匠设计梳子的时候，曾经邀请了 5000 名女性用户一起参与到产品创造中来，让她们为产品提意见，并采取了她们的一部分建议，比如打破以往谭木匠的梳子以深色系为主的传统，创造出一款浅木桃花梳。产品首次推出时，参与共创讨论的用户，20% 选择了直接购买，还有 20% 将该产品向朋友进行了推荐，产品转换率高达 40%。

这个案例证明，用户往往更愿意为自己参与创造的产品付费。现在的用户关系更倾向于主动参与。

共同拥有

什么是共同拥有？简单来说就是以前一个品牌或一款产品的拥有者是企业，未来它的拥有者是用户和企业。

要做到共同拥有，就要求我们和用户目标统一、共创共享，和用户建立平等、友好、信息透明的朋友关系，和用户做朋友，让用户成为最大的资产，即用户资产。需要强调的是，用户不止是消费者，还是利益共同体，共同分享利益才是真正意义上的共同拥有。记住，永远不要把用户当傻子，你是否真的把他们当成朋友，他们一定感受得到。

过去，品牌与用户的关系是品牌去观察用户，然后尽可能地引领用户跟着自己跑。到了今天这个时代，这种关系发生了转变，用户个体正在崛起，他们已经主动转换角色，之前是被动观察，现在则参与到产品的设计中来，并逐步成为产品的共同拥有者。未来，产品不是在引领用户，而是在追逐用户。

用户关系重构产品、品牌、企业和用户的关系

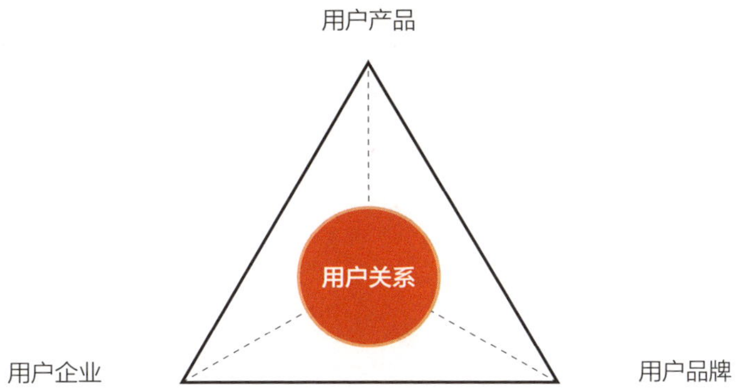

从被动观察到共同拥有，用户的角色、感知、价值、动力都在发生改变：角色上，以前用户是被动调研者，现在是参与者，未来是拥有者；感知上，用户原来是无关无感，现在是有感无关，未来是有关有感；价值上，从价值度低到真实反馈，最后到认同传播；动力上，从被动到兴趣，再到自驱。

用户关系越往上走，产生的用户价值越高。所以，与用户共创、共有、共同决策，这才是我理想中的好企业、好产品。我相信，未来一定是个充满创造力、人人都是设计师的时代。

未来没有企业，只有用户企业。在物资过剩、人们选择权得到充分释放的今天，用户已经变得更有想象力，更有自己的见解。因此，企业要想在竞争激烈的市场中取胜，首先需要转换为用户视角，围绕真用户、真需求进行产品打造。

3

用户场景

不变的用户
流动的场景

上一章我们讲述了如何切换为用户视角，告别自嗨。这一章进入用户五法的第二模块：用户场景。

用户场景，简而言之，就是用户在什么场景下使用你的产品、产生特定的需求。我们不能脱离场景去寻找用户需求，这样的需求是无根之木。用户场景和用户需求相互依存，用户需求来源于用户场景，我们需要基于用户场景去设计产品或者服务。

随着时代的发展，用户的生活方式在变，语言体系在变，但其终极诉求一直没有发生本质变化，只是用户场景一直处于流动之中。这里有两层含义：第一，不变的用户，流动的场景。用户的本质需求不变，外部环境发生了改变，如技术的演进等，用户的行为随之发生了改变。第二，用户数据构建起新的用户场景。用户新的需求出现，或者一直存在的需求，被升维到了数字场景中，因此出现了新的用户场景。

在互联网大数据快速发展的时代背景下，今天的用户不仅是空间、时间里的用户，同时也是数字场景中的用户，今天的场景不仅是现实存在的场景，还是创造性的场景。借助流动的数据，企业可以进行场景挖掘和场景重塑，产生新的用户聚集和新的商业价值。

没有用户的参与，场景无从谈起

什么是场景？“场”字是由“土”和“昜”简化而来，我们可以解释为选择一块平地，用以摊晒粮食。而“景”可以拆分为“日”和“京”，意思是太阳照射到大殿上。太阳的位置随着时间的变化而变化，所以这是一个时间概念。通常意义讲的场景是客观的存在，并且不断流动变化着，它是由三维的物理空间和不断变化的时间构成，这是物理意义上的场景。自数字技术普及以来，这个概念发生了改变，除了时间、空间外，还出现了一个虚拟的维度：数字空间。而数字空间的产生不同于客观的空间，它天生就具备了某种意义，这个意义是创建场景的人赋予的，所以它的意义是相对于人而存在。

基于产品观谈场景，都不是普通意义上的场景，而是用户场景。空荡荡的教室是场景，但不是用户场景。无人区风光旖旎的晚霞是场景，但不是用户场景，要让场景本身变得有意义，就需要回到用户身上来，当在某个时间段内，用户在某个特定空间，被某个情景触动，有了故事和情感的诞生，用户场景就随之而来。

无用户不场景

没有人不叫场景，只叫空间。厨房、汽车、公司、电影院，这些是我们常规理解的场景，但是如果你仔细想一下，就会发现问题，到底什么是厨房？有灶台、灶具就是厨房吗？答案是否定的，这些产品在商场厨具专柜中我们都可以看到，但我们不会认为在商场专柜中可以做饭，因为那只是厨具展示、销售的地方，并不是真的厨房场景。

所以，真正有意义的场景一定有人的活动，是人在空间中的行为赋予了空间意义，否则厨房、汽车、公司、电影院都仅仅是空间。而要让场景本身变得有意义，就需要回到用户身上来，特定的空间加上人的行为和目的才是场景。所以厨房不是场景，人们在厨房中做晚餐才是场景；车不是场景，人们乘车出行旅游才是场景；公司不是场景，人们在公司中工作才是场景；电影院不是场景，人们在电影院中看电影约会才是场景……所有场景都是建立在有用户存在的基础上，否则厨房、车、公司、电影院等等，都仅仅是展示空间。

> 广场上没有人跳舞，就不能称之为广场舞场景，广场很多，但并不是每个广场都有人跳舞。我家旁边的广场，我爸和一群老年人在一起跳舞，这才是真正的广场舞场景。家与公司是上班族活动的两个点，公交车是上班族通勤的主要交通工具，但是家、公司、公交车、汽车这些能被称为场景吗？显然是不能的，因为从根本上来说，家和公司都是房子，公交车和汽车都是工具，如果没有人参与，家和公司只能被称为空间，而车也只是一种工具，没有人，就不叫场景。

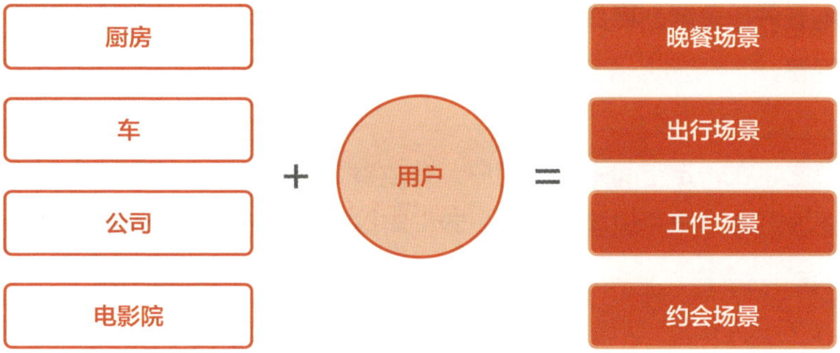

无用户不场景

谈用户观，必须要紧贴用户，而谈用户场景，也必须要紧贴用户，没有用户的参与，场景就无从谈起。

无体验流不场景

有用户聚集的地方会产生场景，但是用户聚集的地方不一定就是有价值的用户场景。判断场景是否存在价值的核心是有没有产生用户体验，是不是创造出了情感联结？

无体验流，不场景。体验流从何而来？从用户的故事中。流水线上的质检工人日复一日、年复一年在自己的岗位上做着质检的工作，这个场景是否能够被称为场景？显然是不能的。在质检的过程中，工人只是像机器一样机械地完成自己的质检流程，这其中并没有故事产生，所以这只能算是一种工作行为，不能称为场景。有故事，有情节，有情绪，有生活态度，才能称为场景。比如我一个人站在厨房，这不叫场景，那叫“我在厨房”，而在火炉边与家人共享天伦之乐才是场景。我们可以想象一下，如果能够适当地把这个场景进行复制，将其应用到餐厅中，一群人在餐厅中围着篝火享受晚餐，很有感觉，相信一定可以吸引很多用户。

总之，在一定空间中，有用户，有故事，有情节，有情绪，有生活态度，才是用户场景。由此，我们可以给用户场景定义总结出一个公式：

场景+用户的故事=用户场景

任何时代的商业交易行为，基本都围绕人、货、场三个主要因素进行，这里的人，指交易双方；货，指交易的产品或服务；而场，就是用户场景。

也许很多人会说，我们只需要将产品打造好，让用户觉得好用就可以了，用户在什么场景下使用和我们有什么关系呢？用户场景是否真的那么重要？答案是肯定的，因为一件产品在不同场景上使用的效果是不同的，场景本身也是产品的一部分，不能脱离场景去看产品。好比我们为用户设计了一双非常漂亮且功能强大的溜冰鞋，用户非常喜欢这双鞋，但是却从来不去溜冰，没有机会使用，那么产品本身的价值就无法得到具体体现。所以，如果我们将产品设计和用户场景进行割裂，就会很容易脱离用户观，陷入传统的闭门造车式的设计误区。构建完整、真实的用户场景，可以帮助我们更快、更精准地掌握用户需求，同时使产品的功能更全面。

用户对于产品的需求，一定和其具体的使用场景相关联。基于场景去分析用户，有利于我们更快、更准确、更全面地挖掘出用户的真正需求，从而打造出更令用户满意的产品。

我们举个最简单的例子，大多数智能手机来电时，手机处于锁屏状态和未锁屏状态下，接听界面是有区别的，锁屏状态下选择接听的方式大多是滑动接听，而未锁屏状态下是点击选择接听或拒绝。这样设计的原因很简单，锁屏状态下，大多时候手机都没有在我们手上，常常会被放在包里或兜里的时候，这时如果显示点击选择方式，误触率极高，而未锁屏时手机通常处于使用状态，误触率较低，这时点击选择的方式就比滑动更为方便、快捷。

千万不要小看这一设计，如果不把产品放到具体的用户场景中，相信我们很难设计出这一功能。在用户场景的构建中，用户始终是核心，不同的时间、地点、使用场景，用户对于产品的功能要求是不一样的。如果脱离用户场景去打造产品功能，我们很可能由于思虑不全而漏掉很多功能，由此失去一大批用户。

因此，要想做好产品，有一个必要条件：需要将产品放到具体的场景中去思考，场景中要包含时间、人物、地点、故事等信息，这样，你才能感同身受。使用你产品的最终用户，是一个个有思想、有情感的个体。所谓和用户在一起，我的理解就是通过用户场景来搭建产品的功能、服务等设计。

用户场景的架构：用户行为、用户痛点、用户数据

用户场景与用户需求相互依存。当用户场景产生时，用户需求也随之出现，所有的用户场景中都包含着用户需求，而用户场景最终会以用户需求的形式体现在产品生产上。用户场景的构建，我们可以用一个三角思维模型展示出来，这个三角架构的三个顶点分别是场景用户行为、场景用户痛点和场景用户数据。

用户场景的三角架构

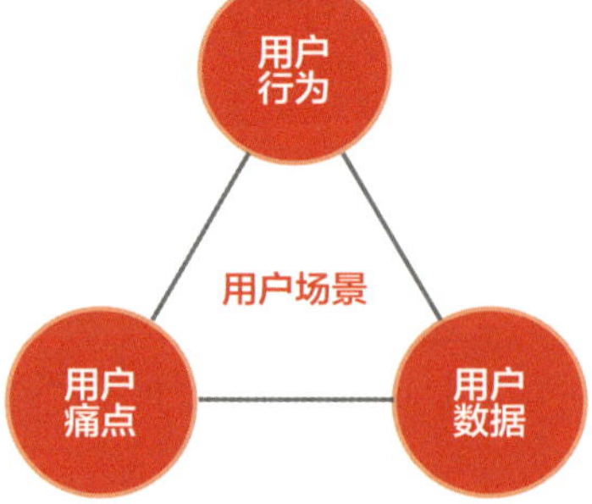

用户行为

用户行为指的是需求在场景中的适应性体现。

什么是需求？美国心理学家马斯洛将人的需求由低到高分成了五类：生理需求、安全需求、社交需求、尊重需求以及自我实现需求。

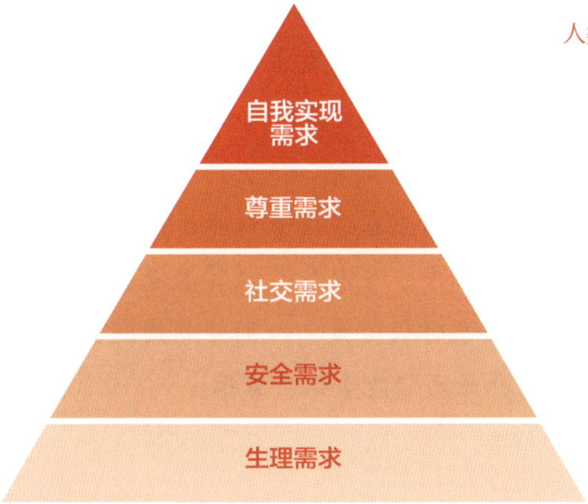

人类的本质需求

这五种需求呈阶梯状，由低到高逐渐递升。当一个人一无所有的时候，生理需求成为首要需求，而当人的生理需求解决了，人们就会开始追求安全上的需求，当安全需求得到了满足就会开始追求情感和归属。

日常生活中，我们关注的往往是反映本质需求的行为或者说是表现形式，而非需求的本质。怎么理解？举个简单的例子，比如聚餐，我们往往更关注做饭这件事，菜怎么择、如何切等需求的行为，却很少有人关注需求的本质，聚餐其实是亲人的团聚，而不仅仅是简单的吃饭。今天是个复杂商业时代，当复杂商业、复杂组织出现的时候，需求的形式会越来越多，越来越复杂，但是无论怎么变化，需求的本质都并没有发生改变，改变的只是需求的行为或者表现形式。

音乐是与人们的情绪息息相关的艺术，它既能够抚平人们内心的伤痛，也能带给人们鼓舞人心的力量，所以一直以来很多用户都将听歌当成自己的兴趣爱好。随着时代的发展，人们喜欢音乐、喜欢听歌的需求并没有发生太大改变，但是听音乐的行为却发生了翻天覆地的变化：

最早是戏台，人们坐在戏院里听音乐；然后是留声机，人们将黑色胶片放上去，可以尽情欣赏浪漫主义曲目。后来工业时代逐渐向信息时代过渡，人们开始用随身听、MP3听音乐，而现在人们开始用智能手机听音乐……

需求的本质不变，需求的行为 / 表现形式在变

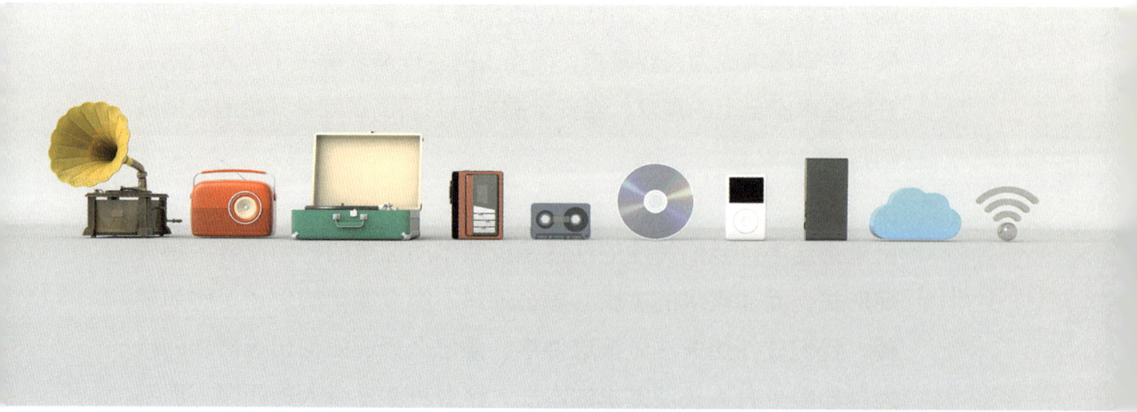

从固定收听到随身听，再到无限歌曲、无限娱乐，今天的我们不仅可以听歌星唱歌，还可以听陌生人唱歌，甚至我们也可以把自己唱的歌发表到平台上，期待别人的点赞和评价，同时还可以对别人的歌曲进行评价。听歌开始逐渐延展为一种社交行为。总之，从过去到现在，人们听音乐的工具在变，听音乐的行为在变，但是内在喜欢听音乐的需求本质没有变。

所以，人们需要的不是黑色胶片，不是随身听，不是MP3，而是能够听音乐的场景。至于用什么方式去听其实并不是那么重要。用户行为就是本质需求在场景中的适应性体现，它是不断变化的，由此，用户场景也随之发生相应的改变。

用户痛点

用户痛点通常出现在用户场景中，而用户痛点就是场景迭代的基础。

用户场景其实就是找到了一个新的视角看用户和产品，所以借由用户需求我们可以推导出用户场景的逻辑公式。从某种程度上来说，

用户需求公式

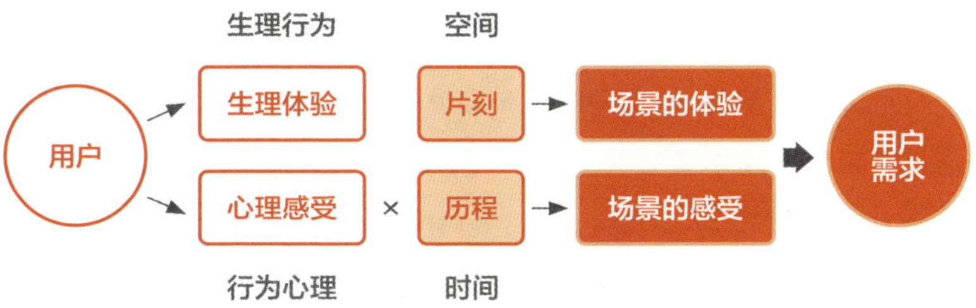

用户场景等于用户行为（生理行为和行为心理）在不同时间、空间乘以用户被满足的行为体验。需要强调的是，一定是用户被满足的行为体验，而不只是行为体验。

用户痛点就是一个矛盾体，**当体验和感受产生矛盾，用户痛点产生。**

简单来说，痛点就是由理想和现实状态的差别所引发的一种不舒适的感觉。我们思考一下，坐飞机有哪些痛点：取票慢、候机久、睡觉累、餐难吃……尽管整个出行只是一个简单的从A地到B地的过程，但是在坐飞机的过程中可能遇到各种各样的问题，这些问题给自己带来麻烦，甚至痛苦，但是由于用户必须要满足从A地到B地的需求，所以就只能为这些痛苦买单。

解决用户痛点的过程实际上就是提升用户体验的过程，这是我们挖掘和创造场景的重要逻辑。

> 2017 年洛可可和科大讯飞合作开发了一款翻译机，这是全球第一款依靠硬件逻辑生产的翻译机，从设计到研发、供应链、生产、营销，我们参与了该款产品的全部工作。之所以会插手其营销工作，是因为这款产品完成生产后的第一笔订单只有 3000 台，当时让我非常诧异：这么好的产品销量这么差？经了解，我发现这 3000 台产品售卖到了新疆地区，主要用于政府干部将中文翻译转化成当地语，以此来和当地人员进行沟通。了解原因后，我们和客户沟通，尝试将英语作为这款产品的营销卖点，将它推向更广泛的用户群体。
>
> 翻译机的功能归根结底在于转换语言，而转换语言的目的是交流和沟通。我国绝大多数公民都能够听懂普通话，显然不

> 太需要一个翻译软件，但是如果你的工作需要与外国人对接，如果你需要去留学，如果你要到境外出差，或者出国旅游，翻译机的作用就全部凸显出来了。于是，我们通过对人们沟通场景的梳理，挖掘用户在异国他乡无法“开口”的痛点，在工作交流中无法交流的痛点，留学生在有语言基础的前提下不能完全理解同学与老师语言内涵的痛点等制作了一系列短视频广告，助力该款产品成为市场爆款。

场景创造应该从特定群体、特定场景入手，挖掘并解决这部分群体的真正痛点。用户痛点是新场景的根源。企业在挖掘用户痛点的时候，既要立足于用户的生活实际，又要有一颗积极为用户解决痛点的心，以此去构建一个相关的用户场景，从根本上解决用户的问题，提高用户的产品体验。

用户数据

海量用户聚集会引发用户场景的不确定性，因此我们需要对用户聚集的行为和心理、语言体系进行记录，用户数据、数据场景也由此产生。数据是最诚实的用户场景记录者，能完整还原用户场景。

在大数据时代，人类行为可以存在于数据的记录中。这些数字既是企业分析用户行为、用户需求的第一手资料，也是创造用户场景的有力依据。用户数据正在构建全新的数字用户场景，真正的用户场景是由用户数据驱动的。

数据比用户更懂用户，需求可以被数据预知并满足，比如淘宝可以通过用户的历史购买数据、浏览记录等，为用户较为精准地推荐“猜你喜欢”的产品。

产业互联网是供给侧端的互联网，需求侧端的互联网是消费互联网，中间是行业互联网。今天的趋势是供给侧端的互联网重新定义供给的能力，与消费端连接在一起，产业互联网人机合一。4.0的用户需求与1.0的供给侧之间存在一个巨大的鸿沟，这个鸿沟将创造全新的商业模式，这个模式我认为是智能制造。

智能制造是因需而生，不是因造而生，所以今天最大的改变在供给侧。多年来，洛可可也一直在尝试供给侧端的改革。我们与工厂结合，做设计加研发供应链，进行平台建设。借助流动的数据，我们可以进行场景重构。未来，没有数字驱动的场景不能叫作场景，只能叫空间。现在，你走了，场景没有改变，因为自然空间是不能改变的，但是未来，你走了，场景就变了，这就是数字驱动的逻辑——场景不随着人变，就不能称得上真正的场景。智能场景的出现，数字化智能场景的出现，才是真正的场景。

> 举个简单的例子，夏天你准备出门，你家的灯、电视、窗帘会自动关上；椅子你不坐了，它会自动回位。场景因人而变，这才是真正的场景。

未来，真实比虚拟更虚拟，虚拟比真实更真实。虚拟和现实完美存在，人和社会完美结合，我走到哪，世界在哪，这才是真正意义上的场景创造。

从用户行为中塑造场景

伴随时间、空间、痛点、技术等因素的改变，用户的行为也在不断变化。与此同时，用户场景也在悄无声息地发生变化。

时间在变，行为在变

时代终究会抛弃落后的东西，这是一个进步和发展的过程。时间在变，用户的行为也在变。而这些改变，就创造了新的用户场景。

> 比如洗衣服，在中国古代，叫“捣衣”，也就是最常见的河边浣洗，后来使用棒槌。1858 年，世界上第一台洗衣机出现，随后，木制手摇洗衣机、水力洗衣机、电动洗衣机相继出现，极大地解放了人们的双手。而在互联网时代的今天，一种全新的洗衣模式又出现在人们面前——人们只需要将衣服装进一个袋子，然后登录某款洗衣应用，输入相关信息，这款应

用的服务人员就会上门取货，并安排衣服的清洁、消毒，最后配送到家。

空间在变，行为在变

除了时间，空间的变化也会引发用户行为、用户场景的变化。

以用餐为例，在煤气、天然气诞生前，人们更多的是在家中灶台上生火、做饭；后来，人们开始外出就餐，各种各样的餐饮企业由此应运而生。和谁、去哪里吃，朋友相约还是家人团聚，目的不一样，用户作出决策的依据也不一样。互联网时代，催生了另一个用餐模式——外卖。而伴随着单身经济的兴起，“一人食”场景逐渐成为新常态。

用户需要的并不是洗衣机，而是一个将衣服洗干净的场景；用户需要的不是灯泡，而是光亮……需求的本质不变，需求的行为在变，所以我们要能够从用户需求的行为中挖掘并抓住用户的需求本质，这样才能适应用户行为的改变，创造相应的用户场景。

痛点在变，行为在变

上文提到，痛点主要来自理想状态与现实状态的差距，来自人们未被满足的需求。参照马斯洛需求模型，人们的需求会逐步升级，同样，人们的痛点也会不断升级。

物资匮乏时代，人们在饮食上的痛点就是“吃饱”。在经济水平得到极大提高的今天，人们追求的不再是“吃饱”，而是“吃好”，吃得“有情调”。

所以，痛点改变的核心逻辑是伴随着时代的变化，用户的痛点也在不断升级，由此，用户行为也发生了变化，从而诱发了新的用户场景。

技术在变，行为在变

在这个互联网和物联网飞速发展的时代，各种技术都在不断创新。纵观技术变革的历史，每一次技术的创新都促进了用户场景的变革，因此技术已经成为企业产品和服务发展的先决保证。

> 我认为滴滴出行可以成为一个伟大的公司，因为它使我们的出行场景得到改变。自从有了滴滴，我已经不再雇用专职司机，也已经很久不自己开车了，我的车基本上成了一个摆设。因为我需要的是出行服务，而不是车这个工具，而在滴滴上，我可以根据需求选择快车、专车等多种服务模式，可以和几十万个司机打交道。而事实上，滴滴的诞生很大程度上就是依赖大数据以及GPS（全球定位系统）等互联网技术的发展。

从马车到汽车，再到线上约车，以至无人驾驶的出现，纵观整个出行场景的变革，技术的创新和发展始终都是第一推动力。科技的改变促使人们的出行行为也发生了改变，从而导致出行场景发生变革，开始由传统场景向数字化、智能化场景演变。

时间的改变、空间的改变、痛点的改变以及技术的改变，这四种改变，都能成就伟大的公司。重要的是，我们要能够在这些改变中发现用户行为的变化，从而塑造相应的、有价值的用户场景，而察觉和掌握用户场景的改变趋势是最重要的创造源泉。

用户场景的迭代和升维

几千年来，用户场景一直在改变，也一直在迭代、升维。对于场景升维，我的理解是场景变得越来越美，越来越能够表达文化性，越来越具有商业逻辑，越来越数字孪生。

用户场景的升维

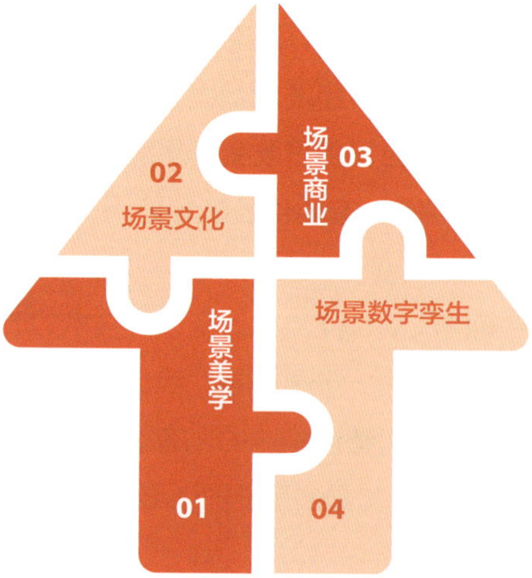

场景美学

美，是一种感觉，一种态度。学者易万成曾经在《存在与华夏文明》一书中，将美定义为“人对自己的需求被满足时所产生的愉悦反应的反应，即对美感的反应”。简单来说，我们可以将美理解为人们的一种特定精神需求，它能够给人们带来精神的愉悦和满足。因此，人们从来没有放弃过对美的追逐。伴随物质生活水平的提高，这种追逐变得愈加强烈。千年华夏文明，美学和文化源远流长。它是消费升级的另外一个原动力——智能是消费升级的原动力，美学也是消费升级的原动力。

因此，在场景升维的过程中，无论是线上还是线下，虚拟还是现实，喧嚣的街道还是繁华的商场，我们需要将美学设计哲学融入到每一个用户场景之中。场景美学，是未来场景发展的大势所趋。

比如洛可可为海底捞打造的首家智慧餐厅，除了全自动的后

在『热带雨林』里吃火锅

厨、机器人送餐，还为用户提供360度全景立体投影用餐环境——六大主题：热带雨林、星空、桃源仙境、雪山、油画、治愈系，为用户带来沉浸式就餐体验，让江湖上的火锅宴也变得非常有诗意。

场景文化

任何时候，一个能够打动人、给人留下深刻印象的场景，都必然离不开特定思想和文化的表达。一个人物，一则新闻，一件事，甚至一句话都有可能让人们对一座城市、一个地点产生深刻印象，对其产生不同寻常的感情，这就是文化的力量。文化创意为用户场景升维注入并充实了新的内容与方向，越来越多的场景创作者开始注重构建场景文化，打造场景IP。

比如由洛可可·洛客佛山与成都团队联合打造、位于佛山金融高新区地铁站附近的桂城读书驿站，一座小小的读书驿站，倾注了城市的底蕴与文化，也兼顾了市民生活的点点滴

桂城读书驿站外景

桂城读书驿站内景

滴。围绕使用者构建场景，这里不仅仅是一个公共的阅读圣地，更是一个生活地、一个休闲社交地、网红打卡地。我们在这里为市民提供了共享书籍阅读、二手书闲置书共享、社区活动分享、临时物品寄存、雨具共享、社区自助服务等一系列与市民生活相关的业态，通过创意，将美好的场景体验融入市民的每一天。

在建筑形态上，以错落有致的形式，表达着佛山特色南狮舞动的感受。锈蚀的金属面与通透的玻璃形成视觉上强对比的同时，也表达着佛山城市透石而出的美玉文化历史与未来发展。文化与现代结合，场景融于生活，体验自在其中。

这样的例子还有很多，在设计上它们借助对场景文化的输出和表达，来更好获得用户的心理认同感。市场已经证明，带有文化色彩的场景最容易引发用户情感共鸣，这是商业空间的吸客利器。

场景商业

一个好的场景，除了能够传递美和文化，也一定包含商业逻辑，这是我们判断一个场景是否升维的重要依据之一。今天的公园不再是单纯休闲锻炼的场所，今天的住宅区不再是一个单纯的居住地，今天的商场也不再是一个纯粹的购物地，它们都可以被赋予更多的商业属性，开始向生活中心、社交中心、服务中心转变，成为一个充满各种特色的商业化服务综合空间。

> 2020年，受疫情影响，酒店、旅游行业受到极大打击。为了自救，尽快复工复产，我们留意到有一家国际一线酒店品牌，面向住宿的商旅人士推出了PPT优化和美化服务。酒店在这个场景中，已经不是传统的售卖房间时间的消费逻辑，而是在此基础上增加了体验和服务，升级为商务和办公的场景。继续往下延伸，我们再看一些生活方式下酒店消费者的场景：面对“焦虑无法入睡”的客人，是否可以提供类似“面膜+香薰+助眠红酒”的助眠急救包？面对“社交喜好群体”，是否可以提供类似“零食+便携茶具+桌游产品”的聚会套餐？女性住客有突发情况，而超市又不在附近，除了外卖跑腿，酒店内是否可以提供类似“红糖姜茶+暖宝宝+卫生巾”的服务？

这类在常见场景中未被挖掘的用户需求，是场景升维的结果，蕴含着巨大的商机。

场景数字孪生

蚂蚁只有前后左右的二维方向感，所以当一只蚂蚁想要吃到纸张背后的蜜糖时，它必须要爬一个来回。如果蚂蚁具备三维意识，它只需要咬破白纸就可以一饱口福。这个例子说明，处在高维看低维问题的时候，可以一目了然地看到问题的本质或者事物的全貌。场景升维也是如此，只有快速优于现实场景，才能更好地实现场景升维，而数字孪生，就是场景升维的基础。

数字孪生是一种超越现实的概念，智库百科上将其解释为“充分利用物理模型、传感器更新、运行历史等数据，集成多学科、多物理量、多尺度、多概率的仿真过程，在虚拟空间中完成映射，从而反映相对应的实体装备的全生命周期过程”。简单地说，我们可以将场景数字孪生理解为现实场景的虚拟镜像。

在现实的物理世界中，所有的物体我们都可以切实感受和体会。伴随市场竞争的不断升级、消费需求的日益多元化，在这个所谓的真实世界中，我们没有办法实时掌握到用户需求和痛点的变化，因此当我们通过传统的用户洞察、用户调研等方式去探索人们生活中未被满足的需求，会变得越来越困难。比如在和一个人交流的过程中，我们希望能够了解对方更愿意听什么，对什么话题不感兴趣，这些通过感官很难精准获取，但我们却可以借助一些数字设备来进行分析判断，比如，通过设备对被观察者的心率、血压甚至是脑电波进行记录，然后通过这些数据的分析，来判断我们说哪些话题时，对方专注度更高。这种通过传感器、通信网络、云计算来记录并探索人们心率、脑电波的设备，叫作智能传感器。传感器可以超越人的感知，更精细、更精准地获取用户信息。比如我们很难通过感官来判断一个人细微的情绪变化，但是心率、脑电波却不会欺骗人，因此传感器可以帮助我们敏锐地捕捉用户的极细微变化，并由此将用户的状态更为精准地表达出来。

如何精准表达？这里就涉及了另外两个概念：通信传输网络以及云计算。我们需要借助通信传输网络将传感器捕捉到的信息进行传递，然后再借助云计算将用户状态和信息及时、准确地呈现。当传感器、通信传输网络以及云计算三者结合在一起，就形成了我们经常说的物联网（IoT，Internet of Things）。需要强调的是，物联网并不是简单地在产品或者人身上安装个传感器，还要配合通信传输网络以及云计算，实现对这个物理世界的镜像翻译，让不可见的事物可见，从而对这个物理世界进行精准、客观的描述。

在物理世界中，人们的感知基本上由时间和空间两个维度来锁定，但在数字世界里，人们的感知却不受时间和空间的约束。

打破时间约束

当现实的物理世界变成一个数字镜像时，我们可以通过大量的算法优化以及计算公式，对未来进行最大概率的测算和判断，从而提出趋于最优的解决方案，实现对未来最优化的结果，这种对未来的判断和产品优化迭代的效率，打破了时间的限制。

比如我计划减肥，但是哪种减肥方式更有效我们没有办法立刻得知，往往需要尝试一段时间后，才能根据结果了解到这种减肥方式是否有效。但是互联网时代，我们可以借助传感器以及通信传输网络，将我们身体的所有数据传递到云端，然后云端就可以在一秒钟之内进行大量的计算，从而预计出哪种减肥方式更适合，有氧运动，跑步，还是健身操？总之，它能够通过最有效的模拟分析、判断，为我们推荐一种无限趋于准确的减肥方式。这种对未来的模拟和计算，完全打破了时间的限制。

举个具体的例子，洛可可和阿里云合作，研发了一款全新的智能蜂箱。传统的蜂箱是一个木盒子，智能蜂箱结合互联网技术，让所有数据和阿里云的数据进行互换。养蜂人可以借助智能蜂箱，数据模拟采蜜所有环节，智能监测蜜蜂飞行区域、进出次数、病虫害防控、土壤环境监测、危害预警等信息，更重要的是还可以实时了解自己的蜜未来会有多少订单。与此同时，通过购买行为智能分析，准确分析出蜂蜜用户的喜好，精准地推送销售信息。用户可以预购未来一年的蜂蜜并且可以包养封箱，要求特别的采蜜条件甚至可以自定义蜂蜜的调配口味。从采蜜到各产区的数据汇聚，从营销、市场推广到产地的溯源，整体改变了原来蜂蜜产业的状态。

借助数字镜像，我们可以通过一定算法，对未来什么产品比较受用户欢迎进行智能化演算，从而得到一个更精准的设计策略和设计定位，而不是通过人的经验、主观感知去判断或决策。

打破空间约束

当前，数字孪生已经被广泛应用在工业制造领域。借助数据智能，今天，一个在德国的汽车品牌研发总部，可以远程分析一辆在中国北京的车主的车辆情况，从而了解针对北京的车主应该定制和设计什么样的汽车。

比如在洛可可参与的某一个和缝纫机相关的项目中，每一台缝纫机都实现了数字化，做衣服已经可以直接跳过工厂与缝纫机进行联动。在华东地区，有多少台缝纫机，缝纫机都分布在哪里，都可以通过数据看得一清二楚。

我们同样以上面提到的智能蜂箱为例，用户通过全链路数据追溯买到放心蜜，强化了对品牌的信赖；养蜂人通过生产数据可以远程跟踪采蜜的情况，而不需要住在山里或野外，真正实现了从野外养蜂变成口袋养蜂。

这种操作方式彻底打破了空间的限制。线上虚拟场景的出现，代表着人类文明的发展又进入了一个新的高度。借助现实世界的虚拟镜像，我们可以实现对未来世界的演算和优化，用线上虚拟世界驱动线下物理世界的走向和发展。

因此，未来的产品创新不再是单纯的基于对物理世界的有限描述，而是要结合数字世界，对未来人类行为进行更细微、更犀利的洞察，从而判断产品的市场空间是否足够大，去引导、驱动产品进行更精准的升级迭代，使我们的创新和速度变得更快，消耗更少，实现物理世界和数字世界的协同演进。

挖掘场景和创造场景

我们一直强调：不变的用户、流动的场景。不变的用户，是指无论时代如何变化，用户如何改变，无论是60后、70后还是90后，用户的终极诉求并没有发生本质变化，需求的本质没有发生变化，变化的只是用户的行为，而用户场景的流动性极大。

一般公司寻找场景，伟大的公司创造场景。创造场景和寻找场景不同，寻找场景更像是在市场细分之后，不断地在原有的市场中找到适合自己的场景；而创造场景更倾向于在现有的市场中扩展出一个新的领域。在信息时代的背景下，市场已经被大大小小的企业瓜分得所剩无几了，寻找场景也变成了制约企业发展的难题，所以企业必须要建立起一个新的逻辑——学会挖掘和创造新的场景。

在大数据时代，用户不再是时间、空间中的用户，而是数字场景中的用户。数字时代的用户场景是人类创造出的场景，是用数字概念创造的场景。创造场景就是创造一个人类社会中不曾存在过的新场景，只有这个新场景，才有可能产生新的用户聚集和新的商业价值。

数字场景可以改变和创造，这一点毋庸置疑，但在实际操作过程中，我发现很多企业都存在一个问题，即使是它们建立起了一整套数字系统，但是依旧不会运用数字场景去挖掘和创造新的用户场景。如何做？具体大家可以参照以下五个步骤：

挖掘和创造用户场景

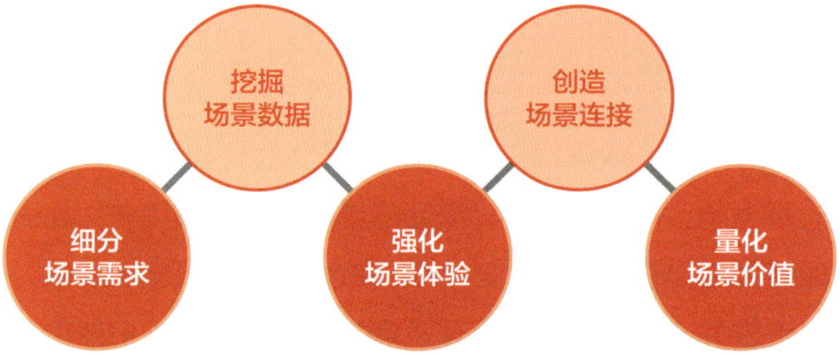

细分场景需求

用户场景的挖掘和创造，一定要从场景细分开始。互联网技术的发展，使得小众经济崛起，商业交易的思考模式开始由整体走向个人。为了满足人们的个性化消费需求，产品品类变得越来越细化；与此同时，用户场景也被进一步细分。我们需要针对不同用户群体和不同的消费场景，搭建不一样的用户场景，然后围绕场景对商业模式进行延展。

比如一个公园就可以被延展出休闲、娱乐、用餐等多个场景，围绕这些场景，我们可以在公园中开展餐饮、娱乐等商业行为。总之，场景被分得越细，就越容易从中挖掘出新的用户场景。

传统纸尿裤用户场景比较单一，产品的差异化打造也大多围绕材质、舒适性、吸水性等方面进行。但是伴随消费的不断升级，一些满足更多元细分场景的纸尿裤开始出现在市场上，比如婴儿游泳纸尿裤，就将产品的使用场景具体到了婴儿游泳的时候。针对这一特殊场景，在产品研发上，功能和材质都有了新的要求，由此才能更好地满足用户的使用需求。

在经历了一系列烧钱抢人大战后，滴滴先后与快的、优步合并，我国的线上出行市场趋于稳定。据咨询机构贝恩公司发布的《2019年亚太区出行市场研究报告》显示，我国线上出行的市场投资规模在2018年大幅度降低，新入局者要想在市场上立足，必须另辟蹊径，探索更多差异化运营手段。在此背景下，上汽集团推出的享道出行开始深挖用户出行场景，实现精细化运营，比如针对夜间出行用户的“夜间守护专车”，比如面向中小学生提供一对一专属多日接送服务的“享学小专车”，再比如2020年新冠疫情后助力复工复产的“安心通勤车队”“元气早餐专车”等服务，都是对场景细分的产物。

机会总是源于趋势的变化，无论是婴儿纸尿裤，还是享道出行的各种专车服务，都充分向我们展示了细分场景中所蕴藏的机会。和品类细分不同，相对产品的功能，场景细分更加注重用户体验，因此，在市场同质化日益严重的今天，面对注重自我表达、个性化消费的年轻用户群体，场景细分的产品思维方式显然更加适用。因此，持续深耕细分场景化需求，挖掘并创造出更多新场景下的专属服务，或将成为未来企业打开并占领市场的新突破口。

挖掘场景数据

有人的地方就有数据，数据可以对用户行为、用户需求进行准确的呈现和预测，因此数据的运营很大程度上就是用户的经营。用户场景背后，蕴藏着大量可量化的数据，数据流动性越强，我们就能从中挖掘出更多的规律和更清晰的使用关系，从而创造出更多的新场景。

> 以我们常用的外卖软件为例，这些软件使用场景的构建基本上都是以用户、商家所处区域的数据为基础，通过用户所在地点，为其匹配合适的外卖商家；还可以根据用户以往的点餐数据记录，推测其饮食喜好，从而为其推荐最为合适的商家。如果再进一步延伸，未来，根据数据，这些软件甚至可以推测出你今天中午11点需要点餐，由此提前为你推送相关优惠信息。当你登录软件时，上面的商家可以根据你的记录为你进行合适的套餐推荐，甚至根据你的需求为你进行个性化搭配。这样的推荐方式不仅不会引发用户的反感，反而会让其觉得方便温暖。

基于场景的数据挖掘，可以帮助我们更加准确地触达目标用户群体，并快速了解每个用户的特点、爱好和习惯，由此为其提供最符合其需求的解决方案，实现真正的私人定制。

今天，淘宝在改变我们，今日头条在改变我们，饿了么在改变我们，我们正在逐步走进一个纯数字化的世界。2019年，许多企业都开始探索人工智能的发展，我们真正进入了基于AIoT（人工智能物联网）的时代，数字场景在快速优于现实场景。

在数字信息快速发展的阶段，AIoT、人工智能、大数据等先进技术可以帮助我们在最短时间内进行用户数据信息的采集和分析，从而帮助企业更快地看到问题的本质与全貌，从而更好地实现场景的挖掘和创造。

强化场景体验

20世纪70年代，世界著名未来学家阿尔文·托夫勒就曾表示，在产品经济和服务经济之后，人们将迎来体验经济时代。

在物资极大丰富的今天，用户，特别是年轻用户群体，在消费过程中越来越重视精神层面的满足感。吸引用户付费的，往往不是产品本身，而是产品所处的场景能够给用户带来的体验，这使得场景化消费开始成为主流，体验至上的时代来临。因此，在细分场景、挖掘场景数据之后，强化场景体验成了一件非常重要的事。

挖掘和创造场景的最终目的，是实现对用户时间的占有，借助场景打造轻松占领用户心智，从而诱发用户更多的消费行为。通过场景数据的挖掘，可以看到一些场景非常符合用户需求，我们应不断强化这些场景的体验，最好的方法就是增加场景与用户之间的互动。

来看一个案例。烤箱是一种传统的纯功能性产品。客户找到洛可可说，现在市面上的烤箱功能和样式越来越多，在白热化竞争下，烤箱的价格越来越低，利润越来越薄，却仍然很难脱颖而出，怎样才能为其加些新意，打造出一款与众不同的产品呢？为此我们决定为该烤箱创造一个全新的用户场景——一款可以直播的烤箱。我们为其做了一个简单的设计——在烤箱内部安装了一个摄像头，这样用户就可以把美食的整个烘焙过程记录下来，再通过数据传到手机上，自动剪辑成一个视频进行分享。

当下，直播盛行，许多年轻人都喜欢通过直播的方式和大家分享自己生活中的一些有意思的事情，尤其是烘焙。烘焙已经变成了一个雅文化，年轻人希望把自己制作的小蛋糕、小甜点晒出来，通过这种方式，大家可以进行美食达人间的交流，也可以进行炫耀。比如把一只鸡拿进去烤，然后记录观察烘焙过程中的趣事，这个简单的社区帖子可以引发很多人的关注和评论。通过这样一个可以直播的烤箱，成功把许多有着相同爱好的人群连接到了一起，为用户带来了非常良好的体验。这款新颖的烤箱，推出后成功吸引了很多烘焙爱好者的关注。

事实上，这款烤箱的特别之处就是创造了一个全新的烤箱使用场景。通过摄像头将烘焙过程全部记录下来，这段影音、这段内容变成了一个场景，一个被数字记录的场景，在使用和分享过程中，人和场景发生了互动，从而产生了共创的新内容。通过互动去创造超出用户想象的愉悦感，从而成功激发了用户的消费欲望，引发了用户的消费行为。

创造场景连接

伴随用户场景的不断升维，场景与商业之间的联系越来越紧密，今天用户的消费决定受场景的影响越来越明显，人们日常生活中的任何一个场景都蕴藏着巨大的商机，都有可能演化成商业消费场景。因此，在创造场景的过程中，我们一定要深入挖掘用户潜在的生活场景，并建立适当的场景连接，赋予场景更多的商业属性，使场景成为企业与用户之间的接口。

传统的广告宣传，也许能够引发用户的情感共鸣，却不一定能够激发用户产生消费行为；而适当的用户场景连接却可以使得情感共鸣及时转变成实际的购买行动。

举个简单的例子，如果我们看到一则手工毛衣的广告，广告展示了年幼时妈妈灯下为我们织毛衣的情景，将手工毛衣与妈妈的爱结合在一起。不可否认，这样打着感情牌的广告宣传很容易引发人们的情感共鸣，也许会在一瞬间激发人们购买的欲望，但是很少有人会立刻采取行动。但是，如果把这种宣传放到实际的应用场景中，天气变凉了，人们正好需要一件毛衣保暖，这时恰到好处地在某一即时场景中看到了某品牌的手工毛衣，而且可以直接打开相应的链接去购买，这样就可以有效提高用户的购买率。

利用场景将产品、企业与用户连接到一起，是一种非常有效的营销推广策略，而且使营销成本得到了大幅度降低。更快、更方便、更精准、更低成本，这是新时代中场景连接思维的四个主要特点。

如何创造场景连接

利用场景内容，引导用户直接下单

以用户需求为核心，创造一个能够引发用户情感共鸣的场景，然后给用户一个方便快捷的购买链接，引导用户将这种情感共鸣即时转化为消费或使用行为。

比如一些育儿平台，在推广过程中，为了引导用户下载，常常会推出一些比如“一岁宝宝辅食添加与营养配餐”“新生儿喂养与护理”等场景，并告诉大家要了解更多的宝宝护理信息或结交更多的宝妈，找到自己的育儿圈子，通过链接下载登录 App（移动应用）就可以。

这种场景应用的连接方式，很容易引发用户的兴趣，帮助产品取得较好的推广效果。重点是，这种连接方式只是帮助企业、产品打通了一条通往用户的路，使得用户和企业、产品迅速建立关系，但后期还需要其利用良好的用户体验去维护用户关系。

构建简单快捷的场景入口

这里向大家介绍一个应用技术——场景应用(LiveApp)，这是由云来团队创建的一种基于用户场景的全新信息连接方式，从字面上理解，它是指现场的、有生命力的场景移动应用，是一种简单快捷的连接和体验方式。这种应用技术不需要下载和存储，可以与微信、微博、百度等进行连接，并提供二维码、链接、声波识别等工具，实现用户和产品的无缝连接。

当前，这种应用技术已经被特斯拉、海尔、宝马、蒙牛集团、长江商学院、腾讯手游等众多知名企业应用，可以预见的是，在场景应用的支持下，未来将有越来越多的企业和品牌建立有效的场景连接，使人们的生活场景和互联网高度融合，从而创造更多新的用户场景。

量化场景价值

数据的真正价值，一定来自具体场景。互联网时代，借助大数据等先进技术，我们可以从场景中挖掘出大量数据，基于这些数据的量化分析，我们可以对场景价值进行可视化的展现，从而更为精准地掌握用户的需求，使反馈更加及时，帮助产品迅速迭代。

> 在巨大的生活压力下，秃顶已经成为许多中年男性的困扰。传统的生发治疗需要人们前往生发馆，这常常让人感觉非常尴尬。而且由于耗时较久，所以很少有人能够完整地坚持下来。现在，得益于科学技术的发展，有些生发企业在线上对生发场景进行了模拟，在这里，用户可以清楚地看到生发的每一个环节，以及每个环节呈现的效果，生发过程被完全量化，让用户清楚地了解哪种治疗方式效果更好，更适合自己，从而加强了用户对于治疗的信心，让其能够坚持下去。而对于企业而言，这样的场景模拟，可以实时掌握用户动态变化，以此根据用户需求提供更精准的服务和产品迭代。

总结一下，伴随用户场景的不断升维，场景与商业之间的联系越来越紧密，人们日常生活中的任何一个场景都蕴藏着巨大的商机，都有可能演化成商业消费场景。因此，企业必须建立起一个新的逻辑——学会挖掘和创造新的场景，才有可能产生新的用户聚集和新的商业价值。场景的挖掘和创造不是一件简单的事情，而是一项工程，需要完成细分场景需求、挖掘场景数据、强化场景体验、创造场景连接以及量化产品价值等一系列的工作。

4

用户共创

只要用户聚集
就会产生创造

或许您已经注意到了，当今的供需关系已经发生巨大改变。与工业时代相比，在信息时代，主导权已经从原来的供给侧转移到需求侧。消费者主权时代已经到来。

新一代的消费者被技术赋能后，变得更专业、更自我。他们从各种平台上获取知识，从而形成产品信息的立体框架，想象力明显增强；而消费者想象力和话语权的提升，意味着他们的创造力也相应提高。消费者渴望能亲手创造自己喜欢的产品，并且注重精神层面的需求。

我们正处于从大规模标准化生产到个性化服务转变的前夜，在这个关口，谁可以迅速转换到用户视角，进行用户个性化需求的发掘，并且针对人的具体需求提供服务，谁就拿到了下一个时代的入场券！

从用户视角看待产品，不仅要求我们要打造用户思维，创建用户场景，在实际创造的过程中还需要注重与用户的交互，不仅要从外围对用户进行观察，还要让用户直接参与到产品的创造中来。

用户是新场景创造的主体

我常常说，在未来人人都是设计师，这绝不夸张。共享经济时代，可以共享的不仅仅是物品，还有人的智慧。过去，产品创造往往主要以设计师、产品经理为主导，设计师、产品经理根据调查研究做好产品推向市场，而在新消费浪潮来临的今天，产品创造就是一个用户需求逆向回溯的过程。借助移动互联网等传播力量，人人都可以参与到产品的创造中来，为产品提供自己的独特见解。

在这个过程中，用户是消费者，也是创造者。只要提供一个可以创造的场景，用户的创造性就可以被激发出来，而企业更多的是在帮助用户做连接、赋能，比如抖音、快手等平台的崛起就是用户创造力最好的证明。

2020 年初，受疫情影响，一向热闹非凡的酒吧、KTV 等娱乐场所遭受了前所未有的冷清局面，巨额房租和人工成本让许多商家不知所措。音乐创作人、歌手和音乐公司等同样受到影响，为了避免人员聚集，各类音乐节、演唱会也都相继宣布延期甚至取消，据音乐财经《第一季度音乐企业生存现状调查》显示，70% 的音乐公司面临资金危机。

没有演出和舞台，无法聚集娱乐，不能出门的“宅家一族”急需一种缓解焦虑情绪的方式。为了满足这类人群对娱乐的需求，继“云上课”“云办公”之后，一种全新的娱乐场景——“云音乐”“云蹦迪”开始逐步兴起。

2020 年 2 月 8 日晚，上海酒吧 TAXX SHANGHAI 在抖音上直播 DJ（音乐主持人）打碟，一度吸引了 7 万多人同时在线观看，直播收入多达 728.5 万个音浪，收益超过 70 万元，“云蹦迪”由此成为网络热门词语，引发众多娱乐品牌效仿，其中 ONE THIRD 更是创下了累计在线人数 121.3 万、收入 1931.6 万个音浪（200 万元）的业绩。除了娱乐商家，许多音乐企业也开始探讨在线音乐直播模式，比如音乐资讯平台“音乐节 RSS”曾经推出了“卧室 pogo 音乐节”；摩登天空先后在 B 站、西瓜视频开办了以“宅草莓不是音乐节”为主题的线上音乐节……

在互联网的强大连接功能下，“云音乐”“云蹦迪”将专业的灯光、音响设备搬到了用户面前，用户不仅可以在家直接观看演唱会、在线蹦迪，还可以随时转场，实现了真正超越空间限制的音乐节、蹦迪场景。更重要的是，这种全新场景的塑造，使得一批因疫情受困在家的用户无聊、焦虑的情绪得到了极大的缓解。

居家隔离过程中，人们追求娱乐的需求受到极大压抑，而正是用户这些无法被满足的需求才引爆了“云音乐”“云蹦迪”这些全新的消费场景。在今天用户场景的打造过程中，用户的聚集产生了数字场景，而数字又反向推动了用户聚集。用户在场景中聚集产生的数据流产生了强大的创造力，所以从某种程度上来说，这些新场景、新产品是用户创造出来的。

每一个时代都有它代表性的产品，互联网时代给了我们前所未有的自由，这是一个想象力经济崛起的时代。创造力的大门已经打开，我们不再闭门造车。在这样一个时代，真正的好产品一定不是企业独自打造的，而是和用户一起打造的。

超预期的用户共创

客户最开始提出需求的时候，这个需求往往是模糊的，我们很难从中挖掘出更为深刻的东西。后来我们运用互联网平台发动用户共创，发现用户会贡献需求、贡献洞察、贡献测试意见，甚至还贡献了社交内容，我们也从中收获到不少让人眼前一亮的想法和意见。

超边界的用户共创

用户共创并不受行业、职业等限制，任何行业、任何人都可以进行共创，图书可以共创，汽车可以共创，网站也可以共创；年轻的妈妈可以共创，学生可以共创，科学家也可以共创……

1亿个作者联手可以写一本什么样的书？信息闭塞的年代这是一件不敢想象的事情，但是在信息时代，这绝对是一件可以实现的事情，维基百科就是最好的证明。

今天的维基百科是一个包含所有知识领域的百科全书，但是其成立之初的设想是建立一个由专家提供专业内容的免费百科全书。因为专家具有一定的权威性，更容易被用户认可。但是整整一年的时间，专家只编写了13个词条，尽管这些词条具有足够的专业性，但是用户依旧很难从维基百科获得较好的用户体验。

1995年3月25，维基百科开始推出协作计划，鼓励大众广泛参与到词条编写中来，该计划让维基百科在接近6年的时间里，创建了两万多个词条。因为维基百科要求用户编写的内容必须为原创的优良条目和特色条目，所以许多编写者在进行内容编写时异常用心。据相关研究表明，虽然用户为维基百科编写词条是完全免费的，但是依然有50%的用户每天编写词条超过一个小时，20%的人每天编写词条的时间在三个小时以上。

2011年11月，维基百科一共有3172万注册用户，通过282种语言，为维基百科贡献了超过2024万个特色优良条目，每天都有数百万不同国家的用户参与到维基百科条目的编写中来。截至2018年12月，维基百科累计词条超过4700万条，已经发展成为世界品牌500强。

协作计划打开了维基百科民主化、开放式创新的大门，这个计划将维基百科编写词条的人由原来的13名专家变成了现在所有的用户，实现了真正由“我”到“我们”的转变。让用户参与其中极大地扩充了维基百科的内容与阅读量，让维基百科的生命得到了延续。

维基百科最近的26年，是和用户一起成长的26年，用户共创的力量

使得维基百科成为一个无限游戏，一个由无限人参与且永远不会结束的游戏：每天都会有老用户离开，有新用户参与进来；每天都有旧的东西被淘汰，新的创意产生。无限游戏的重点不在于输赢，而在于能否一直进行。

从计划来看，维基百科的发展过程是一个拉近用户的过程；从结果来看，这就是用户共创取得的伟大成就。在这个过程中，用户既是维基百科条目的编写者，也是利益的获取者，他们一面为维基百科贡献自己的力量，一面又从上面获取自己所需要的知识。维基百科将所有用户的智慧集中在一起，充分放权，让维基百科成了一个巨大的利益共同体。我将这样的企业称为社会化企业。在未来，社会化企业会更长久。

超价值的用户共创

一方面，用户共创过程除了能够为我们贡献更多产品创意，有时还能创造很多产品之外的价值。比如我们曾经与某品牌合作共创，打造了一个社会化的设计中心。在这个设计中心中，我们把工程师、设计师、用户聚集到一起，其中用户达到30多万，一起创造东西。在这个过程中，我们发现了一个非常有意思的事情，用户共创不仅使得产品具有更多的创造性，还极大地缩短了制造时间。研发周期从170天缩短到了11天，为什么？因为用户参与创造、工程师参与创造，是一个非线性流程，所以时间被大大压缩了。工业时代做一款产品需要7个月才能上市，今天只需要35天。

另一方面，得益于移动互联网的飞速发展，今天的人们可以打破时间、空间的限制被连接到一起。用户共创可以把每一个创意的价值发挥到最大，比如今天一个中国大妈随口一说的小点子、小创意，明天就有可能被德国的设计师变成具体的产品销往全世界。

一个企业、一个品牌的成长，离不开对市场趋势的判断，离不开企业发展战略的确定，离不开不断创新的思维……最重要的一点，无论什么时候，用户都是企业生存与发展真正的根源与生命力。真正的创新是用户参与式创新，根据用户的行为数据、购买数据等逻辑对产品进行创造，充分释放用户主权。用户才是场景创造的主体。

释放用户主权，让用户主导产品创造

创造力崛起的时代，用户期望自我管理、自我掌控，他们不甘于接受规则和结果，更积极表达认知。互联网的发展在一定程度上实现了信息对称，给予了用户更多的选择权，所以今天市场的主导权已经逐渐从企业过渡到了用户身上。让用户决策，充分释放用户的主权，往往能够帮助企业创造更多的价值。

用户视角要求大家从用户的角度去思考产品的创新，根据用户的实际需求去改进产品。这听起来容易，但要实现真正意义上的同理心却很难。理解一个人容易，但理解所有用户很难。因此，在实际创造过程中，我们要想进一步接近用户，除了从外围观察用户，还要重视与用户的交互，让包括工厂、设计师等在内的所有用户都能够直接参与到产品的创造中来，使得用户主权得到充分释放。所有人共同拥有的用户视角，才能真正叫用户视角。

很多人在听到用户抱怨自己产品的不足时，第一反应是为自己辩护，总想用“我感觉”“我认为”来说服对方，事实上，这种主观创造思维和行为本身就极大地限制了我们的创造思维。我们所有的产品一定是和用户相关联的，所以“我觉得”并不重要，重要的是“我们觉得”。所以我们应该想办法将更多的主动权交到用户手上，让用户主导产品创造。

人是感性动物，一个人如果对某个设计投入了大量的感情和心血，就很容易对这款产品产生期待，当产品推出以后，其购买的可能性就会更高。所以亲自参与了产品设计的用户，通常更愿意为产品买单，而且不仅愿意自己用，还愿意推荐给别人。

> 最初的小米非常注重用户参与感的打造，以小米的 MUI 为例，除了工程代码的编写，其设计环节是对用户开放的，用户可以切实参与到设计开发中来。这种开放一方面赋予了用户创造权，释放了他们的创新力，另一方面又能够让企业获利，让小米在群体的创造中不断更新迭代。在设计互动方式中，小米让用户参与手机设计，提出自己的意见。这个计划一开始只有 100 人参与，渐渐地扩散到了 1000 人，最后变成了 3000 万人。值得一提的是，这部分用户最后大多都变成了小米手机的忠实粉丝。

> 2017 年，我们为喜马拉雅 3 亿粉丝打造了一个声音产品。在这款产品创造过程中，我们联合喜马拉雅发起了一个主题为“设计声音之美——为 3 亿耳朵做设计”的众创活动，活动覆盖了 37.5 万喜马拉雅用户，2.5 万用户直接参与到产品研发过程中。其间，我们大范围向用户征集意见，从反馈、创意、视觉、体验、品牌到优化，用户参与了产品创造的整个流程，

小雅 AI 音箱

> 通过用户的表达，获取用户最直接、最核心的需求，将主权真正交到了用户手中。

如何创建一个入口，让用户在产品还没有诞生时就参与到你的协同及创新中来，才是未来重要的产品创新的方法和手段，这也是小雅AI音箱能够成功面世、受到消费者喜欢的原因之一。

用户需求日新月异，但是这些需求是模糊的，企业与设计师很难通过调查就找到深层次的答案。因此，最高效的方法不是去寻找厉害的设计师、产品经理，而是最大限度地释放用户的主权，把用户群体纳入到产品设计的全过程中来，让设计师与用户共同设计、共同创造。这样，用户会贡献自己深层次的需求与意见，创造出来的产品往往更接近大众理想。

赋能群体创造，构建创新模式

今天，大数据、人工智能把成千上万的用户连接在一起，用户可以在不同的时空讨论同一件事情，因而产生了极强的创造力，群体创造由此出现。

> 比如抖音平台推出的各种挑战赛，就是充分采用了个性化表达与群体创造的模式。抖音平台会定期推出视频标签，作为趋势潮流或平台内容主题。成千上万的用户会参与创作同一主题的视频，每个内容都充满个性化创作，每个主题都是一个全民 PK（比赛）的社群现象。

当网络协同日益成熟，地域空间限制被打破时，核心价值贡献往往是由多角色共同完成的，群体创造逻辑出现。过去产品和研发创造采用的通常是B2C（企业到用户）模式，是由企业找到设计师，然后生产，然后把产品卖给用户，用户只能表达对产品的满意程度。

现在的产品创造，我们看到了一个全新的模式——CBD。C是用户，B是企业，D是设计师，也就是将用户、生产、设计全部前置，交杂在一起同时进行。

因此我认为互联网有三个阶段：
第一个阶段，用户借助互联网学习，查阅资料；
第二个阶段，用户在互联网上购买产品；
第三个阶段，用户在互联网上根据自身需求自行进行产品设计，然后由相应厂家进行生产。比如用户自己设计一款喜欢的连衣裙，然后由某服装企业进行加工。

CBD的概念也由此而来：C，用户提出创造的逻辑；B，企业、供应链把产品做出来；D，设计师给出最好的解决方案。也就是说，产品创新是由用户驱动，而我们需要做的是构建一个社会化产品创新平台，由设计师、企业、供应链和用户共同进行产品设计，也就是用户共创。

群体创造有一个重要的前提，就是要用数字孪生的逻辑构建数字场景。法国社会心理学家古斯塔夫·勒庞曾在其著作《乌合之众：大众心理研究》中阐述过一个观点，当个体独立存在时，往往具有比较鲜明的个体特征。但当其融入群体后，他的所有个性和思想都将会被这个群体所淹没和同化，呈现出情绪化、无异议、低智商等特征。然而在大部分场景都已经实现数字化的今天，通过数据，我们能够准确捕捉到每一名用户的细微变化，用户的个性将不再被压抑，个体创造能力将得到极大的激发。这时，“乌合之众”已经消失，每一个用户都可以成为创造个体。这个时代的商业模式与过去最大的不同在于，你能否把用户拉进来一同创造。

所以，今天的企业需要思考，能不能让我们的产品和用户协同、和其他产品协同，让产品驱动我们的行为，通过数字创造出新的产品。

2016年，我二次创业，创造了一个在线共享设计平台——洛客。我创办洛客的初衷是希望将全世界的设计师、企业客户、供应商和最终用户都连接到一起，将“他们”变成“我们”，将其打造成一个社会化企业，一个社会化的产品创新平台。

我们曾经与北汽新能源集团合作推出了一款人工智能小车，在产品创作过程中，我们并没有采用传统汽车的研发流程，而是充分利用了用户的力量，通过CBD模式，让用户、企业、创客与设计师共同参与到产品创作中来。

在该款产品的创作过程中，用户体现出巨大的创造力。在设计师的印象中，中国用户对于车的需求是体型要大，外观要美。但是用户的真实反馈却出乎所有人的意料：

第一，许多年轻的妈妈希望能够让人们知道自己的车里有宝宝，行驶在路上时大家能够给予一些照顾。

第二，我们知道现在一些大城市交通堵塞问题较为严重，特别是上下班高峰期间，这使得许多司机在开车时都容易带有情绪，路怒症比较明显。大家希望有一款车，能够帮助大家进行适当沟通，以缓解大家的情绪，解决路怒症的问题，比如超车时前面司机对我进行了礼让，我如何表示感谢？再比如当对面来车忘记关掉远光灯、威胁到自己的安全时，如何提醒对方？

第三，和设计师的设想不同，用户并不希望自己的车太大。

因为现在停车位越来越难找，人们往往要在停车上花费大量的时间，车越大，越不容易找到合适的停车地点。

第四，开车是一件需要专注的事情，身旁的人很容易给司机带来影响，从而造成一定的安全隐患。因此，大家希望有一款车能够尽可能地降低身边人的干扰。

事实证明，在开车的时候大家考虑的已经不单纯是车的问题，而是将整个交通的大环境都考虑在内，包括停车问题、车主与车主之间的沟通问题等，用户需求已经超过了车厂的理解范围。

基于以上需求，在产品设计过程中，我们对产品的一些设计方向进行了调整。比如为了满足司机的交互要求，我们在车前后设计了LED显示屏，这是一个用户自定义界面，大家可以把自己想说的话通过LED屏显示出来，比如超车之后，在车后的屏上表示感谢；妈妈们也可以通过显示屏告诉大家“车上有宝宝”；同样可以通过显示屏提示对面车辆关掉远光灯……这个显示屏成为司机之间的交流平台。而在车的大小、体型上，我们的设定是要足够小、足够轻，小到只能容纳两个人，轻到用28个氦气球就可以让汽车飞上天。同时，为了最大限度地降低身边人对司机的干扰，我们为副驾驶人员设计了很多交互设计，让其可以自己进行一些游戏。

值得一提的是，车的许多具体创意同样来自用户，在该款产品的创作过程中，共有330人参与其中，产生了288份有效用户提案，充分发挥了集体思维的力量。

从闭门造车到开门造车，这款产品的真正创造者是用户，我们所做的只是在为用户赋能使其成为创造者，用户才是创造的真正主体。我希望洛客能够成为全球最大的社会化产品创新平台，改变人们的工作方式和生活方式，实现真正意义上的民主化、开放式创新，这样这个公司才能长久地生存下去。

我相信，未来的数字化世界一定是一个协同网络世界，用户不仅是消费者，也是数据的生产者。数字世界正在推动我们生活的物理世界和我们的理念世界，所以我们必须要学会用数字化逻辑和社会化资源来构建创新模式，要给每一个用户个体赋能，充分发挥和挖掘群体的创造力。

实现共同价值，共同打造品牌口碑

很多人曾经问我：如何激发用户的创造力，让用户加入品牌共创？答案其实很简单，成就用户，帮助用户成为更好的自己。在产品的打造上，我一直秉承一个逻辑——成就用户，就是要让用户觉得“我很棒”。记住，不是品牌很棒，而是“我很棒”。

“颠覆式创新之父”、哈佛商学院教授克莱顿·克里斯坦森在《创新者的窘境》里表达过一个观点，他认为，用户其实并不是购买产品或服务，而是为了让自己的生活有所进步。如果你能够通过产品让作为价值链传递的最末端的用户感觉自己变得更好了，那么你就成功了，你的产品也就成功了。

记住，用户共创的最终目的是为了实现共享，为了创造共同价值。成就用户，才能成就自己。因为用户共创需要用户、设计师、企业等多方共同参与。为了保证各方工作协调一致，需要我们搭建一个包括使命、愿景、价值观等在内的完整文化体系，统一目标，以成就用户为使命。没有共同的目标，用户共创无法走得更远。

事实上，用户共创并不是一个新鲜的词语，许多企业都已经开始尝试将用户拉到产品创作中来，小米、美的、江小白等都是其中的佼佼者。

> 众所周知，自成立以来，小米便一直非常注重用户的参与，他们非常愿意听取用户意见，特别是在产品改良过程中，用户的意见一直占主导地位。

> 2019年，美的创立了一个用户共创品牌——布谷（BUGU），并由此设立了平台“布谷研究所”。借助这个平台，用户不再像之前一样只能被动接受产品，也可以深度参与到产品的创作中来，从产品创意、开发设计到最后的运营，用户可以参与产品的整个流程。

> 江小白一向以出色的营销文案而备受瞩目，但在我看来，与其说江小白的营销出色，不如说其非常擅长开发用户的创造力。在江小白的逻辑中，表达瓶是用户创造的，他们只是将用户想要表达的话放到了产品上；酒本身没有故事，有故事的是喝酒的用户。根据用户建议，江小白打造了一个移动小酒馆，用酒去换故事……江小白不仅让用户参与到产品的设计、改进过程中，甚至将用户融入到了整个品牌文化中，让用户成为产品创意的输出者，将用户共创做到了极致。

这些案例的成功都可以证明，释放用户主权、赋能群体创造之后，用户可以为我们创造内容，从而产生价值。对于企业而言，所谓用户共创便是收集大量用户的意见和创意，调动用户为产品提供更多的意见和创意，并养成首批用户，共同打造品牌口碑，为产品推广营销提供大量UGC（User Generated Content，用户生成内容）素材。反过来，企业通过用户共创创造出来的产品也能为用户提供更好的体验价值，实现了价值共享。

从本质上讲，用户共创就是一个聚拢需求人群设立共同价值，让用户投入时间成本和生活经验，实现共同目标、收获共同回报的过程。记住，用户共创的最终目的一定是实现共同价值，我们要做的就是与用户一起创造并提升用户消费体验，让用户主动参与到生产中来，实现共同价值。让用户享受共创的产品，甚至可以享受共创所带来的直接或间接利益，做到真正意义上的共创、共享。

价值共享是保证产品长久发展、用户源源不断参与到创作中来的基础。为了打造可持续性的用户共创机制，许多企业和品牌在为用户提供更好的产品体验价值之外，还会给予用户一定的实际奖励，比如将销售额中的一部分，以红包或者是分成的形式直接分给用户，与用户一起分享产品的利润，以此来增加用户对企业的认同感，激发用户参与创作的欲望，形成用户共创的良性循环。

> 2019年11月，在“江小白+品牌创造者”大会上，江小白将用户共创产品“柠檬气泡酒”在天猫店上前两个月的销售额公布于众，同时将产品销售所得的部分利润与在场用户进行了分享，让参加会议的每名用户都得到了1833.86元的现金奖励。

价值来自用户，最终也应该回到用户身上。让用户参与到产品的生产过程中，在享受产品使用价值的同时也享受产品所带来的利益，比如获得品牌参与感、股权、利益分成等一些有形或无形资产。有投入就该有回报，让用户享受产品的利益是企业对用户表示认可的一个重要方式，这种简单直接的激励方法有助于帮助企业进一步提升用户体验，同时能够有效保持用户共创这种模式的可持续性。共同价值并不是一个虚无的概念，与用户共创，创造真正意义上的社会化企业，才是未来发展的大趋势。

用户共创的实现路径

用户共创实现路径一：用户需求共创

用户共创可以贯穿整款产品生命线，从产品研究、设计、测评、推广到销售，产品打造的每一个环节都可以由设计师和用户共同完成。

用户共创可以贯穿整款产品生命线

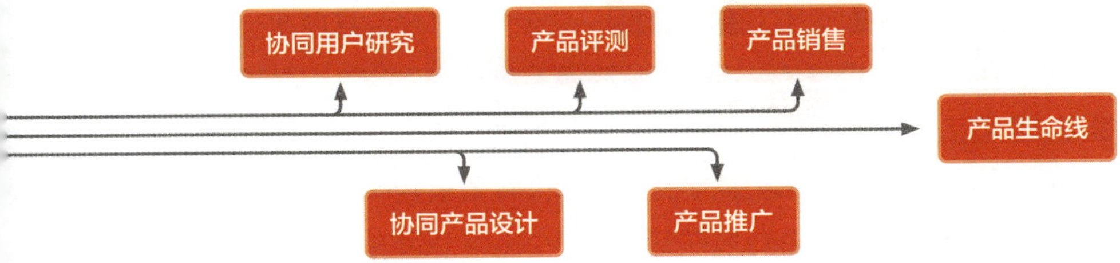

一个成功的产品，一定源自一个准确的需求和痛点，因此产品打造前期，我们需要协同用户研究，进行用户需求调研，收集用户痛点和产品喜好，以更好验证产品定位和功能定义，规避产品研发初期的方向性错误。用户共创的方式多种多样，在这个过程中，我们在洛客平台最常用到的方式是小调查和神吐槽。

小调查

小调查，即在短时间内快速征集一定数量的有效问卷，定量分析用户需求。

在与 TENGDATA 品牌合作设计一款夜跑鞋时，为了更好地了解用户对于跑鞋的喜好，我们曾发起了一次以“挑双战靴，让你在暗夜肆意奔跑！”为主题的跑鞋设计调查，共 4900 多人参与到调查之中。调查结果显示，在进行跑鞋选择时，

小调查：跑鞋设计调查共创任务

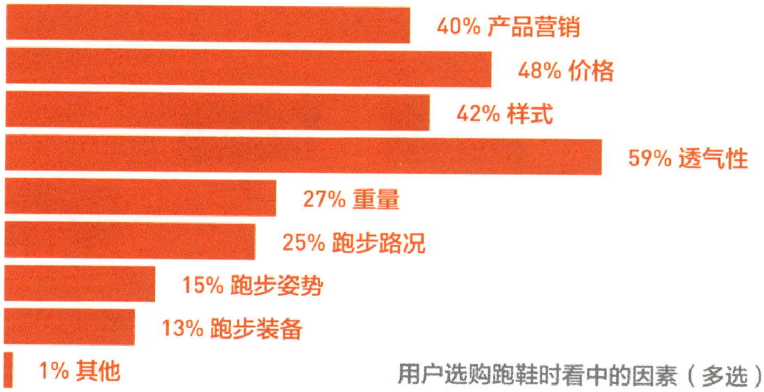

用户选购跑鞋时看中的因素（多选）

> 透气性、价格、样式、品牌和重量是用户最看重的五个因素，其中，时尚个性的跑鞋设计风格、网布材质的跑鞋鞋面、色彩渐变的设计最受用户欢迎，用户购买跑鞋的价位主要集中在500~1500元这个区间，且在选择跑鞋品牌时主要以大品牌为主，大多数夜跑用户有购买TENGDATA夜跑鞋的意愿。

一定范围内的小调查，可以帮助我们迅速了解用户意愿，以确定产品研发的大致方向，确保产品能够满足大部分目标用户的需求。

神吐槽

即围绕产品设计互动主题，给用户一个“吐槽”的机会，并针对这些吐槽进行详细分析、归类，以了解哪些设计可能会带来不良的用户体验。

> 同样以上面的夜跑鞋为例，除了直接调查用户对于跑鞋的喜好，我们还发起了“那些年，夜跑鞋给你挖出了多少坑？”的共创任务，鼓励用户以图片+文字的方式讲述曾经买过的、给自己带来不良体验的跑鞋。

很多时候，用户很难讲清自己喜欢什么，但是却可以通过实际体验，明确告诉大家，哪些设计是自己所讨厌的。因此，适当的让用户吐槽是我们间接挖掘用户需求、实现用户需求共创的一个非常有效的方式。

总之，用户需求共创的关键点在于，要通过各种手段鼓励、刺激用户表达自身需求，从中找到用户痛点。真正理解并满足用户需求，是一款产品的起点，如果用户需求判断出现误差，产品定位有误，后面的一切努力都是徒劳的。

用户共创实现路径二：用户产品共创

用户产品共创，就是让用户直接参与到产品的设计中，在这个过程中，我们需要做的是协同产品部和设计部，挖掘用户需求和外观喜好，征集用户创意，验证产品设计方案。在洛客平台上，我们最常用到的共创方式是集创意、画草图。

集创意

搜寻征集一定数量的创造者，让其提供产品设计或营销推广的原创点子和内容。在用户产品共创的过程中，我们通过集创意的方式，实现产品外观、功能、意向图的征集，更好地探索产品设计方向。一个人的创意非常有限，而一群人则能够创造出让人难以置信的奇迹。

> 北汽新能源曾联合我们成立众创实验室，希望通过“互联网 + 社群化”的众创平台降低参与者门槛，改变传统造车模式，实现打造零库存管理计划，成为城市绿色出行、众创生态的定义者。在此基础上，我们在洛客平台上搭建了 C11 的专题页，通过智能外设、内外饰和表情众创大赛，让 3000 多用户参与到众创中来。共征集到 479 个设计作品，其中有效用户提案 288 份，共计 11 万用户参与点赞。

3000多名用户，470多款产品创意，这就是用户共创的力量。

画草图

即搜集由用户提供的产品草图方案，探索设计可能性。

> 我们曾在洛客平台上发起了“你家的床头灯，怎么美得与众不同”设计众创活动，要求用户通过“文字描述+原创手绘/鼠绘草图或建模图”的方式来展示其心目中理想的小夜灯的样子。

这种共创方式让用户参与到产品的实际设计中，用户的参与感更为强烈，同时为产品设计提供一个更为直接的指导方向，用草图形式展示用户心目中实用性与美观度兼具的家居床头灯。

用户产品共创最重要的是要让用户积极投入、参与到设计中。除了直接的物质奖励，最有效的方式便是让用户和产品建立起深层的情感联结。如果把产品的创造过程比喻成拍电影，那么企业就是导演，用户就是观众，我们要做的就是通过场景的设计让用户迅速入戏，根据线索去思考、分析，逐步深入到剧情中，为自己的猜测而自豪。

同样，在产品共创过程中，我们要做的不是简单地询问用户意见，而是要积极激发用户的创造力，为用户营造具体的创造场景，让用户在产品创造过程中获得更多的惊喜和成就，从而更愿意投入到产品的创作与宣传中。

用户共创实现路径三：用户评测共创

用户评测共创，顾名思义，就是招募用户进行产品评测，帮助产品进行迭代，输出用户评测报告，为产品做口碑营销和背书。这一阶段，在洛客平台上，最常用到的共创方式是众创坊和抢鲜测。

众创坊

即聚焦目标用户或行业大咖，围绕产品进行无限制的自由联想和讨论，以激发创新设想，发动线下头脑风暴，快速定义产品方向。

> 比如舒福德智能床某款产品问世前，就曾聚集目标用户，开展了相应的线下试睡体验活动，大规模招募试睡官，并指派专业的研究人员，兵分两路，根据体验结果，快速解决床的痛点。

抢鲜测

即产品初步完成之后，选择相应用户进行产品试用，并要求用户提交评测报告，由此对产品进行进一步完善。

> 比如在某款正姿笔设计完成之后，洛客平台就曾发布了相应的产品试用信息，从 20 个报名体验的用户中选出 10 名体验官并送出产品，在用户拿到产品后 7 天内回收调查报告。

这一共创模式不仅帮助我们有效了解产品的具体使用情况，还为产品带来了非常可观的曝光量。

评价一款产品的好坏，真正具有发言权的是用户。让用户亲自使用体验，观察产品的市场反应情况，并从中找到产品的不足之处加以改正，实现产品的迭代、完善，这才是用户评测的真正目的和意义，也是产品创作过程中非常重要的一环。

用户共创实现路径四：用户传播共创

用户传播共创，即通过用户众创，在产品众筹、营销阶段为产品定制个性化推广内容，间接培养首批用户。这一阶段的关键在于，要能够激发用户自主参与传播的欲望，具体可以借鉴以下两种方式：

构建群体创造场景，激发用户参与欲望

当一个人意识到自己在做一件意义非凡的事情的时候，他往往更愿意踊跃地参与到传播的过程中来。不同的个体有不同的创造思路与创造路径，在不同的创造场景中，能够迸发出不一样的火花。构建适当的群体创造和传播场景，给用户一个合理的理由，用户就会陪着你一起为更美好的未来而奋斗。

> 2017 年 7 月 11 日，谭木匠与洛客平台合作推出了一个主题为“寻找 298 把微笑的梳子”产品设计大赛活动，希望找到 298 位用户与谭木匠中 298 位残疾工匠组队，共同创造“微笑的梳子”。
>
> 从一棵树到变成一把木梳，在谭木匠需要经历 46 道工序，需要经过近 300 位残疾匠人之手。谭木匠教残疾人士做梳子，是为了让他们生活得有尊严。而发起这次活动，是因为我们想要将谭木匠这种匠人幸福的微笑传递给更多的人，让梳子不再只是一个梳头的工具，而是变成一个承载内容的载体，能够将匠人的真挚快乐分享给更多的用户。

将残疾工匠乐观的精神传给大众，将简单的梳头变成一件快乐的事情，这是一个非常具有使命感的事情，用户很容易被这样的情感所

打动，所以会更愿意参与到“微笑传递”这样的活动中来。

用故事增加用户代入感

好的故事很容易引发用户共鸣，让用户身临其境，沉浸其中。因此如果想要让用户快速参与到产品创造中来，并建立情感联结，第一步可以讲故事给用户听。讲故事的时候，我们要讲清创造这款产品的理由，这款产品有哪些功能可以打动别人，在什么样的场景下使用，这就是品牌故事、产品故事和情景故事。

> 在谭木匠桃花梳新品的创造过程中，我们曾推出了一个众创活动——“生活如此匆匆，不如停下来写写你与梳子的故事”众创任务，引导用户讲出自己和木梳或木艺的故事，让用户用生活化的语言将自己生活经历中跟木梳/木艺有关的经历描述出来，比如儿时妈妈梳妆台的印象或第一次制作木作/木艺的感受等，最后将符合要求的故事内容经过适当调整、优化，选入谭木匠图书。

这种故事化的传播方式，极为有效地加强了产品与用户之间的情感关联，让品牌成为用户内心深处某段记忆或某种情感的代表，从而有效激发用户的参与欲望，让其直接和我们产生交互。

故事的传播力往往超越产品本身。苹果手机出现之前，我是先听到关于乔布斯的故事，然后才记住了这款产品。所以，要想激发用户的代入感，一定要将产品创造打造成故事，一个有场景、有品牌、有产品概念的故事。如果我们能将产品创造理念、动机变成一个短小精悍的故事，往往更容易引发巨大的传播力，吸引更多人的关注。

俗话说，金杯银杯不如老百姓的口碑，金奖银奖不如老百姓的夸奖。让用户参与到产品的传播中来，才是品牌传播最正确的打开方式。

用户共创实现路径五：用户营销共创

用户营销共创，就是指经过长期众创任务，利用用户自己生产的营销内容或品牌活动的互动内容为产品养成首批用户，从而提高销售转化率。

> 2019 年底，网易云音乐发布“2019 年度听歌报告”，用户可以通过报告查看自己 2019 年听了多少歌、最喜欢的歌手等信息。2020 年 1 月，“2019 支付宝年账单”刷屏社交网络，在这份账单中，每个人 2019 年的交易记录都被完整记录了下来。

事实上，不管是听歌报告还是年度账单，这类活动不是首次推出，但是每一年都能引发大量用户刷屏。这些企业其实只做了一件非常简单的事情，就是依托大数据，将用户的行为进行记录和呈现。一句句带着感情的乐评，一笔笔清晰的交易记录，代表的是用户走过的岁月，能够瞬间诱发用户的回忆，激发用户产生情感共鸣。这种方式成功将UGC转变成了营销物料，有效提高用户忠诚度，这是用户营销共创的一种重要方式。

时代在变，营销趋势也在发生改变。工业时代营销模式以直营和招商为主，如电话销售、线下招商会、电视广告等，营销方式比较单一。企业营销大多推崇4P理论，即以适当的价格、渠道以及传播促销推广手段，将产品和服务向特定市场进行投放。伴随互联网的崛起，营销渠道日益丰富，营销方式开始变得越来越多样化，网站建设、互联网软文等线上营销模式兴起。之后，移动互联网的出现，给人们的生活带来了极大的改变，商业行为也随着产生变化，从微信、微博，到快手、抖音，社交电商平台的不断涌入，营销开始从过去的以企业为主逐步向以用户为主转变，用户营销的时代已经来临。

过去，营销强调由企业单方面向用户传递信息，而现在，营销更加强调产品和用户之间的交互，用户开始参与到产品营销之中。我认为，用户营销共创将是未来最重要的品牌营销趋势。在营销共创上，如果我们不能像网易云音乐、支付宝那样直接找到用户并搜集UGC内容，可以通过一系列众创活动来引导用户互动，从而进行内容生产。

比如，我们的客户九阳Onecup胶囊咖啡机，在产品发布前期，就曾经先后发起以“寻找生活乐享达人，晒出你的办公桌面”“说说你希望的胶囊咖啡机是什么样”“画出你理想的Onecup”“追求完美姿态，选出你的爱”等为主题的众创任务，在洛客平台进行目标用户聚集，催生创意内容和互动内容，为产品发布创造营销物料。

通过发起数个用户共创任务，在这个过程中，九阳不仅成功实现了产品目标用户筛选、生活方式征集、创意征集和设计等任务，还为产品后期的营销积累了大量营销物料，为产品发布造势。

移动互联网时代，营销的本质就是要和用户建立关系。只要是用户喜闻乐见的产品，用户更愿意为此买单。从某种程度上来看，用户营销共创的过程，就是用户内容生产的过程，关键在于让用户全程参与品牌创意的打磨，避免闭门造车。

总结一下，数字时代，产品的打造逻辑已经发生重要改变，不单纯从外围对用户进行观察，还要让用户直接参与到产品的创造中来。

深刻理解用户参与产品创造的重要性，是企业持续进化的重要抓手。企业需要学会用数字化逻辑和社会化资源来构建创新模式，要为每一个用户个体赋能，充分发挥和挖掘群体的创造力。

我们认为，真正的产品创新是半开放的、用户参与式的创新，根据用户的行为数据、购买数据等逻辑对产品进行创造，充分释放用户主权。用户才是场景创造的主体。

5 用户服务

用户需要服务而不单单是产品

前面几章，我们主要讲述了建立用户思维、构建用户场景，以及将用户引入产品创造的过程中，如何使他们成为新场景创造的主体。在本章，我们将探讨用户五法中的第四模块：用户服务。

用户思维强调一切设计和营销行为以用户需求为导向，这使得产品即服务的模式变得越来越重要。人们需要的不再是某个独立产品，而是一种能够直抵内心的服务。这时产品已经不局限于物品实体，整个空间、卖场甚至你与用户的互动流程，都可以成为你的产品。

真正的产品是服务型产品，一个没有服务体系支撑的产品，在未来不能产生场景长尾效应。

用户需要的不仅是产品，还有直抵内心的服务

从宏观角度讲，经济的发展让今天的社会进入了一个资源竞争和产品过剩的时代，人们的物质需求得到了极大的满足，开始从生存需求转向更高层次的精神需求。人们需要的已经不是单纯的产品，而是产品背后的服务。

分享一个案例。法国公鸡（Le Coq Sportif）品牌诞生于法国，但是真正使其风靡的却是它在日本的代理商。在日本，该品牌颇受欢迎，我觉得这和品牌在服务上的精细打磨有着非常直接的关系。

相信去过日本的人，大多会对日本的服务业有着较为深刻的印象。日本的各个行业都包含着很多隐形服务，这些服务并不一定会给你营造一种非常惊艳的体验，但会给你带来一种舒适的感受。法国公鸡在日本的首家店位于东京原宿，该店

在门口有一个斜角，提供了几把椅子卖咖啡。虽然是个运动品牌店，但是看起来却像是一个便利店。除了相关的运动商品，里面还出售健康的饮料、低热低糖的烘焙食品等，甚至专门设置了一个以鸡蛋为主的食物及饮料窗口，该窗口的负责人是日本著名甜点师后藤裕一。

此外，该店内还为消费者设有专门的自行车位，你可以在这里买完产品再推着自行车走。店的规模并不大，但是整个动线设计都是围绕服务体验进行的。

除此之外，店内播放的背景音乐也会随着时间的不同而进行调整。比如早晨能听见做早餐、煎鸡蛋的声音；中午放的是环法自行车赛的广告背景音乐，可谓激情澎湃；到了晚间会播放一些舒缓的音乐。在相同的空间，通过音乐去感染进店人的氛围和感知。男更衣室和女更衣室店内分别放置了不同的熏香，而且上午和下午的香气也不相同……

总之，围绕用户体验和潜在需求，在日本的法国公鸡为用户提供了系列服务，使得服务充斥于店内的每个角落、每个时刻、每个流程，让来店的顾客感到非常舒适。这时，对于用户而言，店面所提供的产品价值不仅包括运动产品实物，还包括舒适的购物体验，这时，服务也成了一种产品。

工业时代，家具店就是卖家具的，书店就是卖书的，很难涉足其他领域。但是今天用户的生活习惯已经发生了改变，除了卖家具和书，我们还需要针对用户需求提供全方位配套服务，比如为买家具和买书的人提供咖啡、食物等。无论卖什么，只要能够为用户提供让其满意的服务，创造良好的服务体验，用户就愿意买单。

用户思维讲究一切设计和营销行为以用户需求为导向，这使得产品即服务的模式变得越来越重要。

> 凯迪拉克、保时捷等汽车服务商已经开始尝试推出会员计划，用户只需要每月缴纳一定的会员服务费，就可以在适当条件下切换尝试几种不同车型的车。

和拿出几十万、上百万购买汽车，并且在未来几年内都只能驾驶同一辆汽车相比，这种产品即服务的消费模式，往往更容易让用户心动。据相关调研显示，和直接购买产品相比，近70%的用户更愿意为自己的使用次数和时间买单。基于用户的这一需求，越来越多的企业开始尝试产品即服务的创新。

> 比如全球照明巨头飞利浦就曾经和欧洲最繁忙的机场之一阿姆斯特丹史基浦机场达成一项特殊的交易——照明服务。史基浦机场不需要购买飞利浦的灯具，只需要按勒克斯（照度单位）付费，支付相应的照明使用费，便可以享受飞利浦为其航站楼所提供的照明服务。其间，灯具的所有权仍然归属飞利浦，但是飞利浦要为其航站楼照明，且负责所有设备的维护和升级。

在这项交易中，照明服务就是产品。对于史基浦机场而言，本质上所需要的并不是灯具，而是“灯光”，而飞利浦的照明服务恰到好处地满足了这一需求。

实际上，伴随着用户选择权力的解放以及用户自我意识的觉醒，产品价值已经彻底打破了产品本身功能的局限，衍生了更多后续的服务价值。传统时代，产品卖出去预示着产品交易结束，而在数字时代，则预示着交易才刚刚开始，服务的节点远比产品本身丰富，这使得产品卖点从最初的产品本身逐步向整款产品的生命周期拓展，用户对于产品和品牌的认知也由产品向交易流程、售后服务等多个环节蔓延。很多时候，用户真正需要的并不是产品，而是直抵内心的服务，所以产品的真正长尾效应是通过产品服务获取利益。

服务的目的是使产品的价值得到充分体现，其本质是对用户需求缺口的补充。产品是一个完成品，是不能够随时改变的，但是用户需求是在不断升级、增长和变化的，因此用户永远不可能只满足于你提供的完成品。今天，许多互联网产品之所以能够获得较好的用户体验，就是因为它具有高效的迭代速度，它并不是一个完成品，它可以在用户的反馈中实现调整迭代，以满足用户不断变换和增长的需求。产品没有办法预演用户需求未来的变化，但是服务可以随着未来的变化而不断调整，因此服务存在的最大意义就是弥补用户难以缝合的需求。没有服务的产品是空洞的、不完善的，而服务是需要被设计的，我们必须要懂服务设计。

服务设计三问：为谁服务？服务的价值？服务的口碑？

服务设计是一种设计思维方式，这一概念最早诞生于1980年。早在2000年，第一家专业的服务设计公司Livework就已经问世。中国服务设计行业直到2015年才开始被逐步重视，不过，现在已经有越来越多的企业意识到服务设计的重要性。

服务设计涉及体验设计、产品设计等多个领域，需要以服务链条上的所有接触点为核心，挖掘用户需求，并通过服务为用户创造良好的体验与价值。

需要强调的是，服务本身是一种系统论，服务的准则是要尽可能地满足用户不断增长与变化的需求，但是我们的资源是有限的，因此服务不应该是无限大，而是要越来越精准，越来越清晰，最终集中到一个点上。否则，当我们真正将服务体系建立起来的时候，就会比较发散，找不到重点，自然也难以发挥服务体系应有的作用。

因此，在服务设计过程中，我们要不断清晰我们的服务对象、服务价值，同时不断了解用户的反馈，了解用户实际体验是否与我们的最初设想一致，避免与我们建立体系的初衷相悖。由此我提出了服务设计的“三三原则”，即服务设计需要思考的三个问题，需要遵循的三个原则，以及三条路径。只有服务的对象、价值是明确的，原则是精准的，路径是清晰的，才能搭建一个成功的服务体系。

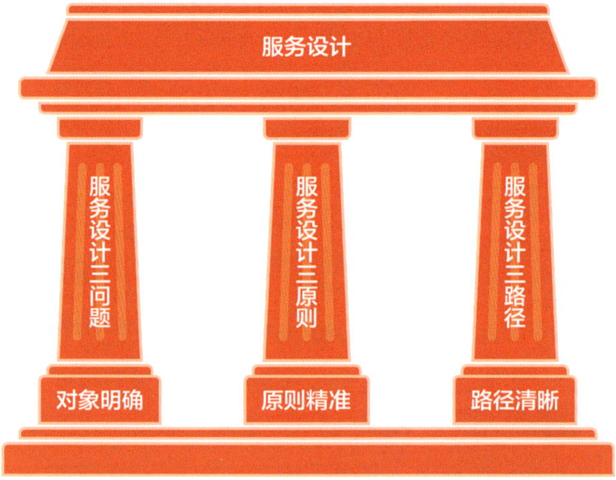

服务设计的“三三原则”

为了明确服务的核心，打造一个完整的服务体系，在服务设计过程中，我们一定要清楚三个问题：为谁服务？服务的价值是什么？服务的口碑是什么？

为谁服务？

明确服务对象是服务设计的前提。用户观的建立要求我们从传统产品思维过渡到用户思维，一切以用户为中心，服务设计同样如此。工业时代的服务是以产品为核心，所有服务都围绕产品进行，而服务时代则讲究以人为核心，人即服务，一切服务设计都必须以用户需求为核心。当然，“以用户为中心”不是意味着尽可能地增加服务，而是要真正走进用户内心。

> 比如由于天气原因，某航班延误，这让许多在机场等待的旅客感到愤怒。这时航空公司需要做的不是推脱责任，强调自己的无可奈何，而是要在这些特殊场景下给予用户适当的关怀，比如送上一杯水，或是为等待时间过久的旅客提供食品，这样会使客户的满意度得到有效提升，从而建立品牌忠诚度。

服务永远离不开人，因此在服务设计中，我们首先要明确服务群体，是为年轻人还是为老人设计，是为学生还是白领设计，是为男性用户还是女性用户设计……然后找到目标用户群体需求，以此为核心进行服务设计，讲用户听得懂的语言，提供用户真正需要的服务。只有明确了服务对象，我们才能提供更为精准的服务。比如海底捞的美甲等服务就主要面向女性用户，服务对象清晰之后，服务设计才能更加细化。

服务的价值是什么？

没有价值，服务将变得毫无意义，价值是评判服务好坏的唯一标准。因此，所有的服务设计都必须以创造用户价值为目的。需要强调的是，和工业时代不同，今天的用户可以轻松参与到企业生产与销售的各个流程之中，全方位影响各个环节。在这样的情况下，服务价值创造已经不再是企业独立完成的事情，用户也可以直接参与到服务价值的界定和创造过程中。从某个角度来看，用户价值是由用户与企业共同创造的。

在与用户共同创造的过程中，最重要的事情是要把企业内容价值链和用户的实际需求进行有效结合，体验不再是对有形产品或者虚拟产品的指向，而是直指人对价值体验的结果。用户即体验这样的概念，是建立在人对价值体验的结果上的。因此，在服务设计过程中，我们必须考虑我们的服务能够产生哪些价值，而这涉及两个方面，一是能够为用户带来哪些价值，二是能够为自身带来哪些价值。

首先，对用户的价值。

所有的服务都必须以人为核心，所以有意义的服务要能够为用户创造价值，比如用餐过程中的服务就是为了给用户打造一个舒适的就餐体验，让其吃得舒心；产品的售后服务是为了给用户解决产品使用过程中出现的问题，让用户用得放心；机场的VIP厅为VIP用户提供的迎宾、报纸、餐饮等一系列服务，目的是为用户营造一种与众不同的舒适的等机氛围……

其次，对企业自身的价值。

服务设计的最终目的，是要通过服务满足用户不断变化的需求，从而为企业自身带来某种价值，而这也是服务设计过程中必须思考的一个问题。

我们同样以海底捞为例，等位时用户可以享受一些免费的小零食、饮料，以及美甲服务、擦鞋服务、肩膀按摩等服务，对于企业而言，其最终目的是为了能够增加餐厅的上座率，有效避免用户流失，这就是服务对企业带来的价值。

服务的口碑是什么？

服务即口碑，服务的口碑源于用户的反馈。互联网思维讲究口碑为王，信息泛滥时代，酒香也怕巷子深，而口碑无疑是取得用户信任的最佳手段。而服务，正是用户口碑的重要来源之一。在激烈的市场竞争中，企业要想脱颖而出，需要依靠产品和服务。而在产品同质化越来越严重的今天，利用差异化服务创造更多附加值，从而打造良好口碑，无疑是品牌和产品的最佳选择。所以，服务设计过程中，我们必须要注重用户反馈情况，注重用户的口碑，通过用户口碑来了解我们的服务最终取得的效果是否与最初设想一致，否则就要进行适当调整。

体验有情，服务无界，所有的设计到最后，都在追求对用户服务体验的打造。在产品思维和服务思维的设计视角当中，产品思维是以产品、技术为中心，而服务设计则注重以人为中心，讲究故事性、多样性、体验性。总之，我对服务设计的理解可以用一句话概括：服务设计是以用户为中心创造商业价值的设计，我们既要重视体验，更要重视服务设计。

服务设计三原则：简单、高效、美

从经济因素的角度来看，服务设计是指企业通过非物质制造手段增加产品附加价值的经济活动。这种经济活动在信息产业中表现得更加突出。信息技术的飞速发展，让产品技术和功能的差异变得越来越小，通过提升产品质量、降低生产成本来推动企业发展的空间变得越来越小，在这样的背景下，服务就成了企业竞争的核心。而好的服务要以人为本，要能够为用户带来价值，要能够带来良好口碑，需要被精心设计。我认为好的服务设计应该遵循以下三个原则。

服务设计的三个原则

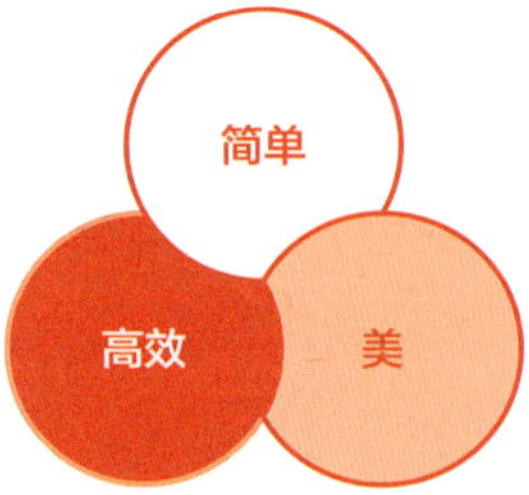

简单

让复杂的东西应用起来简单，就是服务的简单原则。

为什么瓶装水、易拉罐、快餐等产品能够在世界范围内畅销？原因其实很简单，因为它们简单、快捷地帮助用户解决了问题。瓶装水、易拉罐有效解决了人们日常喝饮料、用水的问题，快餐满足了人们吃饭的需求，且这些产品都具有一个非常重要的特点：简单，将原来用水、吃饭的多个环节和步骤进行了简化，让人应用起来省时、省力。

怎样让服务变得简单？“微信之父”张小龙曾说，产品经理要有“傻瓜心态”“小白思维”，这里的傻瓜、小白并不是真的傻，真的白痴，而是要把自己从行业专家切换到行业小白的外行状态。服务设计也需要小白思维，要把用户当成白痴，让用户使用产品时几乎不需要动脑。

> 举个简单的例子，我们刚刚用手机拍摄了一张照片，想要将其发给一位微信好友，只要找开聊天界面，点击右下角加号，刚刚拍摄的照片就会自动显示为“你可能要发送的照片”，不需要我们再点开图片去寻找，让发送变得更加简单。

人性有七大弱点：傲慢、嫉妒、暴怒、懒惰、贪婪、贪食、色欲。事实上所有的产品和服务创新都应该围绕这七大弱点去进行。人性懒惰，不喜欢动脑思考，我们就要让用户尽可能少操作、节省时间，让用户感觉足够简单。

高效

服务绝不是越多越好，而是要精益求精，要高效。对于企业而言，高效服务能够有效降低服务成本，而对于用户而言，服务越高效，越容易产生愉悦体验。

我们可以举个简单的例子。在没有智能化售票设备之前，大多数旅行景点的售票服务都依赖人工，景区门口以及各个收费景点、游玩设备外都需要配备专门的售票人员。由于窗口有限，游客们往往需要把大量的时间花在等待购票、检票上，服务效率很低。而智能化售票系统和设备得到应用以后，游客只需要自主刷卡，其行程和费用便可以直接被记录和扣除，许多收费点甚至不再需要配备专门的售票人员，服务成本降低，同时高效的售票服务使得乘客的出行体验也得到了极大的提升。

美

这里的美，并不是单纯指视觉上的美，而是要能够给用户带来真正“美”的感受，这就要求我们在服务设计时充分考虑用户的心理需求和生理需求，让服务变得更优雅、更尊重人性。服务设计的前两个原则，“简单”和“高效”，基本上都可以依靠技术和商业来实现，但是“美”却需要情感。事实上，“美”是一种感受和体验，这也是服务设计的价值所在。如果没有“美”的设计，只有简单、高效的服务，那么人的体验就会像机器一般枯燥无味。

比如我们经常会在网络上看到一些浪漫的求婚镜头，男生花了很长时间布置场地，灯光、鲜花、气球、音乐，然后将女生带到现场，拿出戒指下跪。这些设计，事实上就是在为求婚对象营造“美”的感受，如果单纯追求简单、高效，我们是不是可以拿着户口本直接问女生要不要去民政局？

美其实是一种氛围，人对场景无感，但人对氛围有感，比如我们为什么要去酒吧喝酒，去KTV唱歌，其实追求的就是那种轻松的氛围，昏暗的灯光、喧嚣的音乐、舞动的人群，这样喝酒才更有感觉。

因此，服务设计一定是要围绕人的认知方式，要在简单、高效的基础上，设计出一个优雅、合理、富有情感的服务方式，还原人们对美的追求，简单、高效、美，这是服务设计非常重要的三个原则。

服务设计三路径：用户历程、用户触点、用户反馈

服务的好坏直接决定了产品的销量和企业的经济利益，因此企业要从用户的角度出发，一切以用户为中心，打造出高质量、能够让用户满意的服务。在用户服务角度，洛可可提出了服务设计的三条路径：用户历程、用户触点以及用户反馈。

服务设计的三条路径

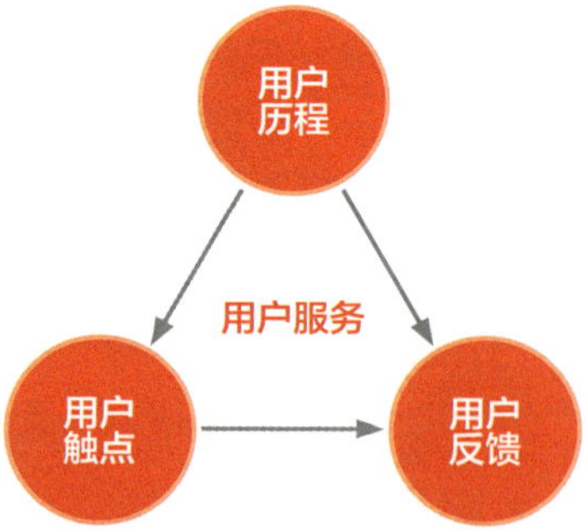

用户历程

对于一个企业来说，提供良好的用户服务需要主动出击，从用户的角度出发，将产品服务划分为不同的阶段，探索用户在这些阶段可能会遇到的问题。

制作用户历程图

提到用户历程，就要涉及用户历程图。什么是用户历程图？用户历程图是用于提升用户体验的一个框架。它通过用户视角记录了用户的历程，可以帮助更好地了解用户与服务商互动的情况。

用户历程图

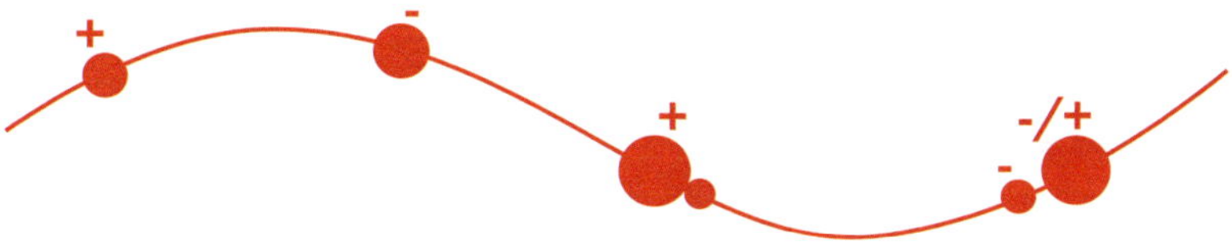

如何制作用户历程图？

我们以节点的方式来做相应的切片。首先，进行用户洞察。观察在一定空间内某用户和其接触的所有服务触点，在系统当中去寻找问题。以时间线来进行划分，我们可以将用户洞察的过程分为五个具体的步骤：

第一步，了解。作为一个前期用户，从洞察角度来讲，我们需要先了解自己所要做的具体事情。

第二步，进入。对事情有所了解之后，进入相应的空间中进行具体的观察和分析。

第三步，参与。参与到服务的节点中去，进行具体的动作，如买衣服、试衣服的体验。

第四步，离开。

第五步，延伸。离开后是否还可以享受持续性服务？是否还愿意再次体验其服务？

用户洞察过程

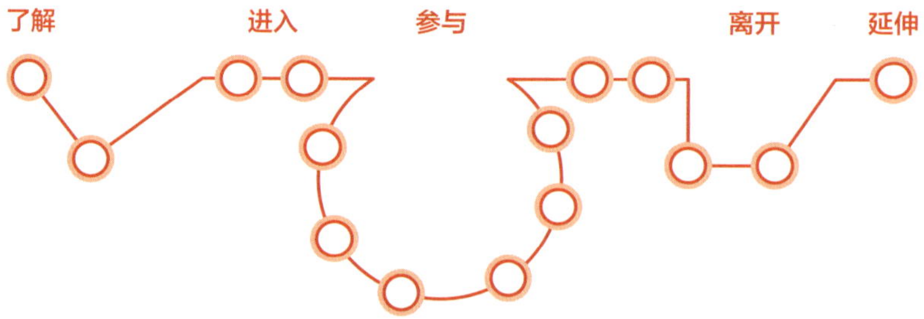

在这个过程中，我们要从用户视角出发，利用用户历程图将用户真实体验的完整流程表现出来，以图形的方式将用户体验路径生动、系统地呈现出来。同时，通过对用户行为路径的拆分，使每阶段的用户体验环节得以清晰体现和串联，以此来保证用户整个服务体验的流畅性，从而提高服务的效率。

分析用户历程图，找到服务升级方向

洞察结束后，我们要对洞察结果进行相应的汇总和分析，对用户不同阶段的行为路径进行切片，以纸面化的方式呈现出来。借助用户历程图，我们可以清晰地看到每个阶段用户的关键行为。围绕这些行为，我们可以深入探索用户体验时的动机、需求以及痛点等内容，从而对用户行为和其背后的动机进行梳理，从中挖掘用户需求与现状断层，并以此为出发点，明确企业服务升级方向，通过服务设计，为用户创造更好的体验。

前面我们曾提到服务设计思维同样讲究以人为中心，因此，在对用户历程图进行梳理的过程中，用户占据绝对的主导地位。在这个过程中，我们要做的就是辅助用户进行信息的输出。细心观察用户在体验过程中的情绪变化。整理用户历程，将相关的问题、阻碍提供相应的方案进行整理输出，需要用同理心对洞察到的问题进行分析和补充。

用户触点

在用户服务设计过程中，梳理用户接触点是一项非常必要且关键的工作。接触点梳理好了，才有可能画出一个完善的历程图。企业提供的产品、服务和用户之间可能存在很多触点，企业要找到其中的

核心触点，通过核心触点来增强用户和产品之间的黏性。

什么是接触点？**接触点是在特定时间和地点，满足用户某个特定需求的交互点。**人、交互、产品、空间都可以形成接触点。比如，我们在为用户提供服务的过程中，产品、人是接触点；在结账的时候，终端是个接触点。

> 比如由于工作，你需要乘坐飞机去某个城市出差。到了机场，由于行李很多，你需要拖车服务，这个时候什么位置可以提供车就是一个简单的实物接触点；取票时，自动售票系统也是一个接触点；从A地到B地，取票之后，你需要找到登机口，这时机场所有的导视系统也是一个接触点，能够帮助你快速找到登机口；如果自动售票系统出现问题，这时你就需要去其他柜台寻求人工服务，人也是接触点……

用户触点

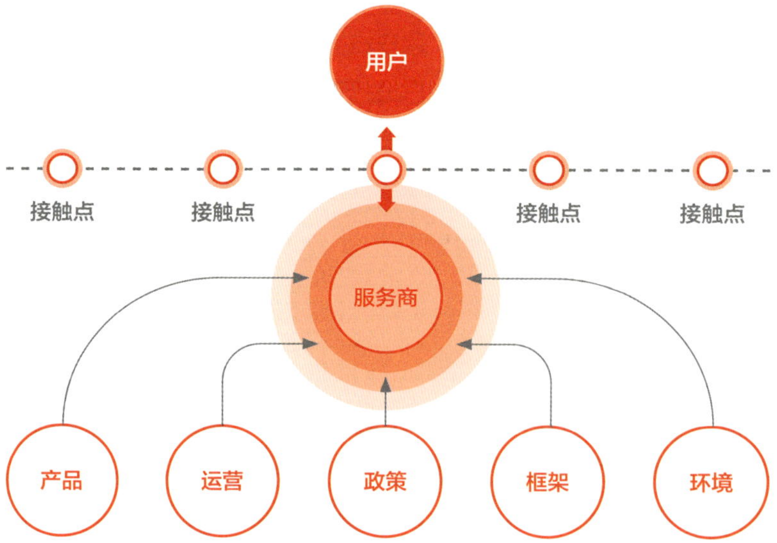

按照用户历程分割，在这个出行历程中，我们可以分割出订票、到达、办理登机、托运、餐厅、购物、登机、取行李、离开、到达酒店等多个关键的用户历程节点，每个节点都蕴藏着许多服务机会，所以，挖掘用户能接触的所有接触点，然后结合用户历程图对这些触点进行分析，找到问题，并重新设计触点，对我们提升服务有至关重要的作用。

在进行用户触点设计时，我们应该注意以下两个方面：

明确体验原则

触点设计前，我们往往需要先明确体验原则，然后根据不同原则采取不同的方式。比如说我们的原则是高效，我们就要始终围绕这一目的进行具体设计。

> 西贝成立初期，菜品种类繁多，它的菜谱很厚，每次点餐都要花费服务员和用户大量的时间。为了提升点餐效率，西贝缩减了菜单，每一道菜都是精品，道道都好吃，成功帮助用户消除了选择困难症。

原则明确，为用户触点设计指明了方向，往往更容易起到事半功倍的效果。

明确用户需求

除了明确体验原则，用户触点设计之前还要准确掌握用户需求。一切服务设计都应该以用户为中心，围绕用户需求进行。用户群体、场景不同，用户的需求就不同。在设计用户触点时，我们要在明确用户需求的基础上描绘用户历程，分割出所有用户体验阶段，之后，再重新创建用户与服务系统新的互动关系。

我们曾经和杭州活态馆合作，为其打造创新的服务体验。杭州活态馆原址是一个废旧仓库，被当地政府征用打造成一个非物质文化遗产馆。博物馆最初的设计非常陈旧，馆里陈设着一些产品，被打造成了一个非物质文化遗产的专家工作室，用户来到这里完全没有互动，无法产生相应的价值。

接到这个项目后，我们首先进行了用户洞察，我们希望能够颠覆这个博物馆用户和展品之间单一的看和被看的关系，产生更有趣、更有黏性、更有数据的互动方式。在此基础上，我们了解了该博物馆所掌握的业态和资源，又经过进入、参与、离开、延伸一系列流程之后，制作了用户历程图，探索用户触点，找到需要解决的问题，在此基础上，利用新科技对人与服务之间的关系进行了重构。

在这个过程中，我们首先明确了体验原则：

增加用户在博物馆的停留时间。
因为停留时间越长，用户与博物馆产生交互的机会就越多。

建立用户黏性。
借助一些内容建立用户黏性，增加用户的复购率。

通过深度调研分析，我们发现周末小朋友可以参加的户外或者社会活动的空间和场所非常有限，无非购物中心的儿童乐园、早教机构、公园或科技馆这几个选择。基于这一点，我们设想将其打造成一个城市生活和文化的综合空间。在工厂中A区和B区之间搭建一个可以提供轻食和饮料的连廊，为用户提供一个可以休息的地方，增加了空间上服务体验的触点。

除此之外，我们还进行了模块重组，将博物馆的环绕路线变成了巡游，用户在这里可以“洄游”；同时划分出休息区、体验区、商品购买区、大师交互区等多个区域，由此进行详细的动线排布。

可以看到，在这个过程中明确用户服务历程以及用户服务触点非常重要。我们需要通过对用户历程的具体分析，找到用户触点存在的问题，由此对一些有问题的用户触点进行重构，打造全新的用户体验，完成整个服务的升级改造。

需要强调的是，在整个用户历程的梳理过程中，我们需要提升自身视角高度，要站在高处全面地去看待和分析问题。不要在用户某一触点的行为、某一阶段的行为反馈上过于纠结，没有人可以同时满足用户的所有需求，解决用户的所有痛点。我们要做的是对这些行为进行判断，从中挖掘出有改进价值的点，然后以此为核心进行进一步研究。

用户反馈

用户提出的关于产品的情况反馈值得任何企业加以重视。企业能够从用户反馈中清晰认识到自己的不足之处，从而实现产品和服务的自我提升，这是任何产品、服务走向成功的必经之路。因此，在梳理用户历程、设计用户触点之后，真正实现服务设计还需要注重用户反馈，根据用户反馈来实现服务的迭代。

用户反馈的收集和整理是一个长期的过程，收集用户反馈的渠道很多，比如发送调查问卷、社群调研等，其中最简单直接的有两种：直接收集用户建议以及利用数据分析。

直接收集用户建议

了解用户反馈最直接的方法是让用户直接参与到服务设计中，组织一批人亲自去体验，并由此发表自己的看法，根据用户看法对服务进行改进。

> 同样以杭州活态馆服务设计为案例。为了更好地体验效果，在服务设计过程中，我们曾用泡沫塑料搭建了一些模拟空间，让用户来这里亲自体验，并让其分享感受，将用户不喜欢的部分进行重新构造，不断迭代，不断找到服务触点以及对应的解决办法，最后形成平面布局，施工完成一个新的活态馆。

利用数据分析

传统时代，用户反馈的收集是一个较为复杂的过程，往往需要大量的走访调研，发放海量的调查问卷，工作量巨大，准确性低。而数据时代，人们的行为都可以以数据形式被记录下来，借助这些数字，我们可以精准掌握用户需求，了解用户对服务的满意程度。

> 杭州活态馆建成后，我们为所有进馆用户发放了一张磁卡，这张卡片可以清晰地记录用户的进出时间以及体验记录。在这个过程中，用户还可以和非物质文化遗产专家发生互动，

> 比如用户要体验刺绣，博物馆不仅为其提供了相应的工具，还有专家对其进行指导。用户离开后，借助磁卡数据沉淀，我们了解用户体验项目以及所购买的延伸品，并对一些用户反应不强烈的体验进行不断迭代。

数据是最忠实的记录者，很多时候它比用户自身还要了解用户，这是了解用户反馈情况的最佳工具。借助数据我们可以了解用户喜欢什么，不喜欢什么，哪些服务用户反映良好，哪些需要改进。

用户反馈的类型很多，有吐槽，有赞赏，也有一些具体可靠的建议。我们需要在众多用户反馈信息中清理无用反馈，筛选出自己所需要的信息。我认为，以下几种类型的反馈应该引起大家的重视：

用户的主动反馈

很多时候，用户主动提出的建议往往不在我们的关注范围内，是容易被忽略的问题。比如会议进入尾声时，领导询问会议参加者是否还有其他事情、其他建议时，往往有可能获得一些意外收获。

重复的用户反馈

如果一些意见被反复提及，那么说明这个问题在用户眼中很重要，而且还没有得到解决。这些被反复提及的建议往往已经严重影响到用户体验，如果再不引起重视，很有可能影响用户口碑。当然，可以及时解决的问题我建议大家立即采取行动，千万不要等到用户反馈时才加以调整。

总之，打造良好的服务就是要围绕着用户历程、用户触点以及用户反馈三条路径，这是一个循环的过程。企业可以根据这三条路径不断迭代完善，提升产品服务的质量。利用用户历程对用户行为路径进行切割，之后进行用户触点设计，并不断迭代，有效解决用户历程中存在的问题，提升用户体验，这就是构建整个用户服务的核心理论。

服务的场景变迁

时代在变，服务的场景也会随之发生改变。伴随消费的不断升级，用户的选择变得越来越多，用户对于产品的期望值也不断提高，期望能够从产品中获得卓越的体验和服务。无论是消费升级，还是新零售、中产阶级崛起等社会因素，都在不断地推动产品和服务的变革。

与此同时，技术的发展也为企业产品和服务创新提供了基础。在社会、技术等各个因素的催化作用下，今天已经有越来越多的产品开始走向数字化、智能化，服务也正在向数字化道路演进，我们一定要抓住用户的根本需求，准确把握服务的变化趋势。

概括地说，服务场景的变迁主要有5个趋势，分别是：去中心化；去中介化；数据化；触手可及；即插即用，用完就走。

服务的场景变迁

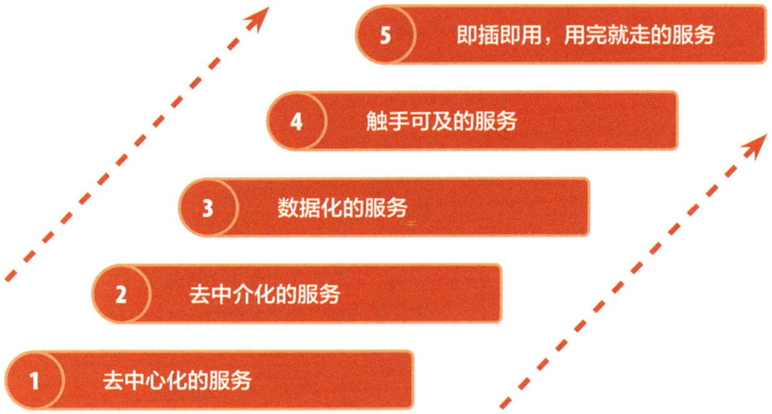

去中心化的服务

去中心化最初来源于自然科学，是一种生态学原理，原意是指在一个系统中，每个节点都具有高度自治的特征；同时，节点与节点之间还存在一定联系，它们可以自由连接组合成新的单元。借助网络，这些节点之间形成非线性因果关系，在这个过程中，每一个节点都有可能是阶段性的中心，但又都没有办法对整体进行强制性的中心控制。我们将这种开放式、扁平化、平等性的系统现象或结构，称为去中心化。

今天，互联网技术的飞速发展打破了人与人之间的界限，信息变得越发透明化，这时数据网络变成为一个自然系统。在这个系统中的每一个个体、每一个人都是一个节点，社群便是新的连接单元。伴随认知机能与认知结构的不断平衡和完善，个体可以借助社交走出过去完全以自我为中心的状态，实现去中心化。在此基础上，服务场景也开始逐步由中心化向去中心化转变。

中心化的服务方式最大的特点是服务标准化、大众化、风险低，给人以专业、安全的感觉，但是这种服务模式无法满足未来用户日益增长的需求和个性化的需求，且服务成本较高。

比如，过去，当汽车出现问题需要修理，4S 店几乎是所有人的首选，因为它专业。事实上，4S 店所提供的就是典型的中心化服务。我们可以在这里得到专业的维修，却永远没有办法实现对车的个性化的选装和升级改装，而且通常要付出较高的维修费。

而所谓去中心化的服务就是将服务的标准对外开放，在这个标准之上，大家可以衍生出更丰富的服务，让用户拥有更丰富的选择，这就是去中心化的逻辑。

比如美团旗下的大众点评，实际上就是一个去中心化的平台，它为服务商提供了一个开放的入口，在其服务的结构和标准下，服务商可以根据自身需要，自由为用户提供个性化服务。可以说，大众点评提供的就是一个基础设施，而不是全套的服务体系，其服务体系是由众多服务商一起打造而成的。

从某种角度而言，中心化服务是以企业视角为核心，一切服务标准都围绕企业利益进行；而去中心化服务则是从用户视角出发，围绕用户的个性化需求而建立的一个更加多元化的服务生态。

去中介化的服务

提起中介，大家最容易想到的就是房产中介、婚姻中介。中介，是指在两种不同事物或同一事物的两面之间起到联系作用，使其成为一体的中间环节。比如房产中介就是为加强买房者与卖房者、出租人与承租人之间的联系而建立的一个中间平台机构，其目的是促成双方交易。这种中介化服务买卖双方信息并不透明，用户能够得到的信息有限，而未来，基于互联网以及大数据的公共性和连接性，个体之间有更多的机会聚集、交流，实现点对点的交流，双方得到的信息完全公开、透明。

> 比如，过去二手车买卖通常需要借助二手车行等专业的中介机构，由车行建立起买车方和卖车方的联系，促成双方交易并从中抽取佣金。而现在，许多二手车网站只是提供一个开放的平台，借助这个平台，买卖双方可以自主联系。

互联网技术的发展实现了服务的去中心化，需要强调的是，这种去中心化只是一种手段、一个过程，其最终目的是为了找到一种可以代替旧中心、效率更高且成本更低的服务模式，也就是实现服务的去中介化。

数据化的服务

工业时代，人们更多的是在关注产品功能，而在这个需求越发多样化的今天，人们更多的是追求产品科技化、个性化，当产品变成入口的时候，服务和产品背后的数据就变得至关重要。

> 在今日头条、快手等平台，内容并不是由企业生产和提供的，

而是由用户自主上传，企业只是围绕用户需求，提供了一个内容上传与分享平台。在这个过程中，企业通过数据对用户行为进行分析和判断，从而为用户提供更为精准的服务，为其推送其所需要的信息或者任务，同时还通过数据的反馈来不断对平台进行升级、迭代。

我一直强调，今天的我们正处于一个数字时代。用户的认知、行为、场景等都可以以数据的形式记录下来。数据具有的准确性、精准性等特点，可以为企业找到更细微的用户需求和痛点。通过数据建模不断地优化和迭代，可以提升服务的水平和价值，超越人工所能做到的极限。

触手可及的服务

借助互联网技术与数据化的发展，今天的服务变得越来越触手可及。阿里巴巴集团学术委员会主席、湖畔大学教育长曾鸣，曾经将数据智能与网络协同称为智能商业的双螺旋。在曾鸣看来，腾讯、阿里、谷歌、亚马逊等知名互联网企业，能够在不足二十年内迅速发展成为世界顶级企业，都离不开网络协同以及数据智能的影响。数据智能的概念大家并不陌生，那什么是网络协同？通俗地说就是借助某个开放的入口将所有人的数据网络连接在一起，让其成为一个新的、更大的系统。

一个独立的数据服务系统通常是有边界的，但当所有人的数据被打通之后，就会通过网络协同产生新的数据。

举个例子，在大众点评上，我们可以看到一个人对餐厅的评价，从而得到这个人所喜欢的餐厅数据。而借助高德地图上

> 的数据，我们又可以得到这个人出行时间和路程的数据，当这些数据连接在一起，我们就可以较为准确地计算出这个人就餐的具体时间、地点，比如其早餐在哪里吃，午餐在哪里吃，花费标准是什么，甚至可以推算出此人哪一天愿意吃火锅的概率较大，由此在那一天他下班的时间精准地将火锅店信息推送给他。

这种服务方式实现了真正意义上的货找人。网络协同的成熟，使得原本分散存在的衣、食、住、行中的各类数据系统地成功连接、融合在一起，并由此形成一个以人为中心的综合性生活系统。数据网络与数据网络的协同产生新数据，新数据可以带给用户前所未有的精准服务推送，让用户获取服务的难度以及成本大幅度降低，让企业服务的准确性大幅提升，实现双赢。

即插即用，用完就走的服务

从用户角度来讲，数据协同使用户获取服务的难度和成本得到有效降低，用户可以更轻松地获得更好的服务。而从商家来看，数据网络的存在同样降低了其提供服务的成本。在数据网络系统中，每一个人、每一个用户都是系统中的一个节点；同样，服务也是另一个节点。今天的产品创业，企业已经不再需要自己建设一个新的数据网络，完全可以利用百度、阿里、腾讯等巨头建立的网络基础设施来为用户提供更为方便、快捷的服务。

> 比如微信小程序就是基于微信庞大的数据网络而诞生，我们只需要根据实际需求在微信小程序的基本架构上进行适当编写，就可以实现快速上传，只需要一天时间就可以实现产品上线，而且可以随时下线。

这种即插即用、用完就走的服务模式大幅提高了服务的效率，使企业提供服务的形式和类型变得越发多样化。事实上，即插即用，我们可以将其理解为企业可以实现快速组合和集成，利用生态合作伙伴在其网络中为用户提供服务，而这种服务模式就建立在其合作伙伴服务的去中心化基础之上。因此对于企业而言，数据网络对于服务的影响主要应该从两个方面思考：一方面，企业研发新服务的效率更高；另一方面，大家寻找和组合服务的能力以及服务客户的效率也得到了有效提升。

今天的产品创新和服务创新都必须建立在数据网络的基础之上，如果你的产品不具备接入数据网络的能力，那你就是一个原始的产品，更谈不上服务。网络协同的核心是降低交易的边际成本，让企业精准地了解用户需求，然后准确提供服务，使得供给双方匹配得更快、更精准、更迅速。

6 用户体验

体验是消费行为的催化剂

前文我们主要探讨的是：如何建立用户观；如何将“我”变成“我们”，和用户一起创造好产品。

首先，切换为用户视角，一切从用户出发，从用户的角度看问题，设身处地地为用户着想。今天的用户视角要求我们做的并不是简单的跟随和观察用户，而是要学会与用户建立各式各样的连接。

其次，学会基于用户场景寻找用户需求，并借助流动的数据，挖掘和重塑场景，创建新的用户聚集和商业价值。

接下来，学会用数字化逻辑和社会化资源，通过用户共创的方式一起创造好产品，充分发挥群体的创造力，实现企业和用户的共同价值。

信息时代的产品是大产品，强调大社交，强调服务，因此用户服务也是产品不可分割的一部分，是用户观中非常重要的一个因素。很多时候，用户真正需要的不是产品，而是直抵内心的服务。

最后，我们来到了“用户体验”。用户视角、用户场景、用户共创、用户服务以及用户体验是构建用户观不可或缺的五个重要模块。用户观讲究体验至上，所以用户观的构建最终还是要回到用户感受上来。

这是个体验至上的年代，用户体验决定产品的生死。我们常说，用户即体验，体验即用户。用户即体验，指用户最后所追求的就是好的体验。在用户选择权得以充分释放的今天，用户消费很大程度上追求的就是精神上的愉悦。今天的产品要跨越的第一个鸿沟就是用户，之后才是服务、体验。体验即用户，简单来说就是体验好就能聚集用户。

打造数字时代的超预期体验

什么样的产品算好产品？怎样打造好产品？为什么在营销上花费了很大力气产品依然卖得不好？……经常会有人问我这样的问题。今天在这里，我给大家一个简单的答案：很多时候你的产品之所以无法成为被用户所认可的好产品，就是因为你没有重视用户体验的打造。今天的好产品之所以能够得到用户的认可，能够引发大家的消费行为，并不是功能，更多的是因为兴趣，因为体验。

站在数字时代的入口，大数据、人工智能等概念逐步被大众所熟知，伴随科学技术的发展，今天越来越多的人开始学会进行数字表达，比如我们看电影之前，大家会习惯性地先搜索一下电影的评分；网上购物，大家也会先通过用户评价来了解一下商品的具体情况……毫无疑问，数据正在进入人们生活的方方面面。

自2017年以来，数字化产品占据洛可可产品的比例呈现出明显的上升趋势。和农业文化、工业文化相同，数字化是伴随技术和时代的发展而产生的一个必然进程，可以预见，未来几乎所有行业都将逐步被数字重构，所有企业都需要学会利用数字去赋能、决策，用户体验也正在慢慢向数字化转变。

什么是用户体验？传统的用户体验是用户在使用产品过程中或是使用之后对产品建立的认知印象，是用户在体验过产品之后建立的一种主观感受。在数字化的今天，用户体验也被赋予了新的定义——服务即体验，体验即服务。

传统工业时代，我们只有消费后才能真正享受产品提供的体验，而现在，商业社会已经逐步从售卖经济向体验经济转变，我们可以先体验后消费，甚至很多时候，消费本身就是一种体验，它已经成为服务链路中的一环，而不是在服务链路外。我们今天需要的并不是单纯的功能性产品，而是一个更懂我们的产品，可以让我们变得更好的产品，这些产品就是数字产品、智能产品。和传统体验相比，数字时代的超预期用户体验呈现出五个非常鲜明的特征，如下图所示：

数字时代超预期用户体验的五个特征

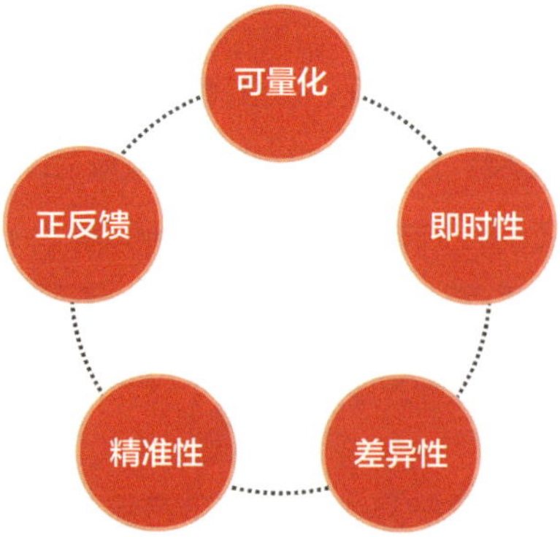

可量化

传统时代的体验，实际上是叫有口难言。体验者自己了解体验的好坏，无论是感官体验、情感体验还是产品使用体验，用户自己了解但是不容易描述出来。而数字化体验不同，我们可以借助数据将这些体验变得具体化，把不可见的可见，把不可被描述的变得可量化。甚至基于这一点，我们就可以实现一些超越原来能力的权限，一些原来不可想象的体验可以被实现。

> 比如我们可以通过一张凳子了解你的坐姿，通过一张床知道你一晚上的睡眠情况，通过一个水杯了解你每天水的摄入量……

通过大量数据的积累，我们可以清楚地了解一个用户的习惯和爱好，从而非常精确地判断出该用户真实的感受，这是人力所不能及的。有些时候，用户的一些感受自己都没有办法描述，但是其行为却可以明确地体现出来。而数字时代，这些细节都可以被记录下来，从而实现体验的可量化。

正反馈

反馈，其实是物理学中的一个概念，本意是指将放大器输出电路中的部分能量以某种方式转入输入电路中，以此来使输入信号得到增强或减弱。后来，人们把这个词运用到了心理学中，用来反映学习者对自己实际学习情况的了解程度，从而帮助学习者进一步加深对所学内容的了解，并激励学习者更加努力学习，这就是正反馈效应。而这种效应同样可以应用到用户体验的管理和打造上。

数字化体验，从某个角度来看是一种正反馈体验。物联网其实是让每一款产品都具备了可量化、可接收用户反馈的数字能力，然后通过设计和再加工，将这种反馈变成一种可以迭代的正向体验输出，这样就形成了体验创造的闭环。

数字时代的体验可以被记录，所有体验的结果都可以以数据的方式呈现出来，我们可以根据数据分析用户体验情况。比如看完电影，可以给电影评论、打分；看直播时，随时可以发表回复，哪里没有听明白，这里你讲得太差了，或者你说得真棒；等等，这些都是通过数字化方式对体验结果的呈现。无论是我们前面所说的感官体验、情感体验，还是行为体验，都可以被数据记录，然后通过数据反应出来，从而反向推动产品的升级和改进，让产品给予用户更好的体验。也就是说，数字时代的产品体验并不是预先设定好的，而是通过一点点改进升级而来，而这种改进和升级的依据完全来自用户的行为。可以说，是用户自己构建了这个体验。

所以，打造一款极致的产品，并不是一开始就让产品变得无懈可击，这是一件不可能完成的事情，世界上不存在绝对完美的产品。我们要做的，就是要让产品与用户一起成长，在用户的反馈中不断更新迭代，从而更贴近用户需求，创造更好的用户体验，这才是真正意义上的极致战略。

即时性

大家有没有过这样的经历：一项任务向下级交代下去，却始终没有回馈，而当你要结果时才发现任务根本没有执行；一件产品召集了一批用户进行体验，却如泥牛入海杳无音信，联系客户才发现很多人对产品意见很大；计划参与某个平台活动，但两个月后才看到对方的报价和策划方案，此时你已经没有当初的热切心理……

这时，你会无奈，会抱怨："有问题怎么不早说？""为什么不能早一点提出来，好让我有更多准备时间？"很多事情就是这样，一拖延，就有可能出现很多意想不到的纰漏。打造数字化体验同样如此，我们一定要让用户即时反馈，随时了解用户的使用情况，发现问题并迅速给出调整方案，否则很容易给用户留下不良印象，用户很有可能会因此而放弃购买产品。

游戏之所以能够引人入胜，吸引众多玩家，抛开游戏本身的趣味性等原因，还有一个非常重要的因素，就是游戏的即时反馈机制——即时计分，即时显示自身战斗情况、通关情况；打斗时，自身和对手的武力值和预示生命力的血格都会实时显现，而好友的排名情况也会实时更新；游戏过程中所有信息反馈都非常迅速，用户可以第一时间得到其关心的消息。

好的即时反馈可以给用户鼓励，"哇，又过关了，再努力一下马上通关！""哈哈，我现在排名第一了！"而那些不好的结果则可以更好地激发用户继续战斗的思想，这就是即时反馈的重要意义。记住，没有用户愿意把过多的时间花在等待上，所以信息的实时反馈可以推动用户体验的进一步提高。

传统时代，要想了解用户的体验情况，企业通常需要开展大规模的用户调研、用户回访，先发放调研问卷，然后再进行统计，不仅费时、费力，而且很难及时掌握用户的体验结果。数字时代，所有体验都可以被记录并以数据方式及时反馈给企业，企业可以通过数据分析并了解用户的动态体验结果，实现真正的即时反馈。

精准性

好的用户体验，就是要让用户觉得产品好看、好用、好喜欢。而数字时代，我们可以根据用户以往行为数据的收集和分析对用户进行预判，比如经常看到的“猜你喜欢”功能，由此向用户推送比较符合其审美的产品。

> 比如每个人打开购物网站或外卖网站所看到的界面其实有所不同，我们可以在搜索排名较为靠前的产品中看到“购买过的店”，网站首页会出现一些近期我们搜索过的商品等等，这些都是网站的运营人员根据我们的购买和浏览习惯推出的差异化服务，做到真正的千人千面，甚至千时千面，千地千面……

这种精准性的投放，一方面可以帮助用户在最短时间内找到自己所需的产品，避免大海捞针似的搜索，有效简化了交易步骤和操作流程，对优化用户体验起到一个非常积极的作用。另一方面，对于产品售卖者而言，可以将产品准确地推送给受众，使营销更为高效。

差异性

过去，为了尽可能给用户创造良好体验，产品设计往往会预先构建很多体验，比如为一款床设计了20个功能，但在实际使用过程中，用户真正用到的只有10个，而且每个人需要的功能并不相同，这就造成了极大的浪费。

数字时代，我们在进行体验设计的时候，最初甚至并不涉及产品或者企业本身，只是为客户构建一套数据链路，先架构出一个能采集数据的行为或一种使用方式，然后通过数据记录、反馈等方式来对产品进行迭代，不断改善用户体验，而且这种体验是个性化、定制化的，同样一款产品，我们可以根据用户的需求，为不同的用户设定10个不同的功能。和传统体验相比，这种基于用户反馈而来的差异性体验，往往才是用户真正需要的。从本质上来讲，我们打造的是一种全新的服务逻辑，但它的表现形式是体验。所以，设计体验的链路，设计体验的接触点，设计数据的计算方式，可能比设计体验本身更重要。

在消费升级的大背景下，用户对体验提出了更高的要求。用户体验直接决定了用户的消费行为。无论是虚拟产品还是实体产品，要么让用户想不到，要么就创造超出用户想象的愉悦感，否则，你与好产品基本无缘。而数字化体验可量化、正反馈、即时性、精准性以及差异性五个特性，可以帮助我们更好地走近用户，了解用户，更好地满足用户需求。因此，打造数字时代的超预期体验是这个时代中每个企业都应该认真思考的问题。

创建数字化体验，走在用户前面

消费升级，就意味着用户拥有了更大的选择权，这个时候，用户所关注的不是品牌和渠道，更多的是产品能够为自身带来什么。简单来说，所谓好的用户体验，就是你的产品推出后，能够让用户感到“哇，真漂亮！”“天啊，太好用了。”“唉呀，我简直爱死它了！”简单来说就是要让用户觉得产品好看、好用、好喜欢。如果我们的产品没有一个能够打动用户的点，不能为用户带来愉悦的消费体验，就无法在市场中立足。数字时代，用户体验方式在悄然变化，今天的用户体验呈现出五个鲜明的特点，而用户体验的打造方式也应该随之发生改变。

从被动型体验到主动型体验

所谓的传统用户体验，更多地强调纯功能性体验，这种功能性体验更多来自产品的被动服务，并没有与用户发生交互行为。到了数字

打造超预期用户体验的四个方法

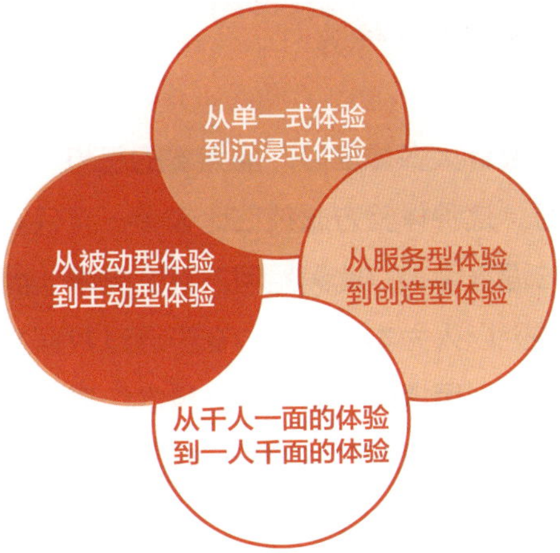

时代，这种体验方式发生了改变，产品可以主动为用户提供服务，创造体验。

> 比如过去使用一把椅子或一张床时，我们的体验就是这把椅子或这张床看起来是否美观，使用时是否舒服，但在数字时代，我们对于这种体验就提出了新的要求。比如这把椅子还能够提示我坐姿是否正确，冬天的时候还可以根据室内温度适时提供一些加热功能，坐久了还会进行自主按摩，提示你起来进行适当活动；床可以显示我们的睡眠情况，比如有没有打呼噜、翻身次数、是否出汗、是否出现间歇性呼吸停滞等，甚至还会主动提示你该睡觉了……

所以，数字时代的超预期用户体验与传统用户体验最大的不同，在于产品是否与人发生交互，是否主动向人发出体验信号。借助先进的科学技术，今天的产品已经开始由过去的被动型体验向主动型体验转变。

从单一式体验到沉浸式体验

传统功能性体验设计大多依据以产品为本的思想，一切体验的打造都围绕产品进行，这种体验方式往往比较单一，只能从感官、情感或行为等某一方面入手，以此满足用户某个需求。而数字时代超预期体验的设计讲究以人为本，其核心在于通过数据准确了解并满足用户的根本需求，利用虚拟现实等先进技术构建全方位的体验场景，为用户打造沉浸式体验，而不是单纯地对产品主要功能进行优化。

> 比如日本新宿伊势丹百货公司有一处卖伞具的角落，这里的光线相较于其他地方要暗很多，在环境布置上，新宿伊势丹通过投影技术模拟了下雨的场景，在这里，用户不仅可以看到云和雨滴，还可以听到下雨的声音，每个雨滴落在伞上面就变成一个音符，最后甚至可以看到一道彩虹。

和传统单纯嗅觉、听觉等单一式体验不同，新宿伊势丹在环境氛围打造上，充分利用了动态视频、光线等工具，为用户打造异常真实的下雨场景，让人沉浸其中，由此产生一种忍不住想买一把伞的冲动。沉浸式的体验场景可以有效调动用户的情感，从而引发用户的消费行为。

相信大家都玩过电子游戏，无论是一些休闲益智类小游戏，还是大型网游，都不乏一些热衷者，不知道大家有没有考虑过为什么人们会将大量的时间投入到可能并不会为你带来实际回报，有时甚至需要花费许多金钱的游戏中？为什么游戏能够让人沉浸其中？在沉浸式体验的打造上，我们可以参考游戏机制的设计，至少要做到以下几点：

明确的目标和使命

研究表明，一旦某件事情被赋予特殊且重大的意义，人们往往会更愿意去努力实现它，这也是企业文化、企业价值观的重要意义所在。游戏中的重要角色，几乎都被赋予了非常重要的使命，比如击败怪兽、拯救人类等。这样明确的目标与重大的使命，更容易让玩家全身心投入，为了实现目标而拼搏。同样，在用户体验的打造上，我们同样可以应用巨大的使命感来使得用户沉浸其中。

> 比如抖音短视频平台的定位便是帮助用户“记录美好生活”，围绕“记录美好生活”这一目标，众多用户开始主动参与到产品创作中，大量优质短视频迅速诞生，从而成功抢占了用户的碎片化时间，成为最受用户欢迎的短视频平台之一。

正是因为有了“记录美好生活”，向大众展示并传递生活的美好这一目标与使命，抖音才能够在短时间内吸引人们的关注和参与，从而迅速聚集了大批用户，让越来越多的用户沉浸其中。

支配权与成就感

游戏之所以吸引人，非常重要的一点就是它为用户提供了高自由度的发挥空间。在游戏中，用户拥有足够的支配权，可以根据自己的想法进行相应操作，不断输出一些新创意，同时还能及时看到反馈效果，随时对自己之前的方案加以调整。这样游戏不用对角色或情绪进行更新，也可以一直让用户保持新鲜感。同时，在成功克服一些困难，完成相应挑战之后，还会得到勋章或奖杯等相应奖励，以此增加用户的成就感，让其保持继续参与的动力。

制造稀缺性

物以稀为贵，一件物品越难得，获得的过程越艰辛，人们拥有它的欲望就会越强烈，拥有时的体验也就越美好，这也是为什么很多游戏喜欢设置“任务机制”“限量套装奖励”等环节的原因。基于这一点，许多共创项目在推出之初，会通过数据调研了解用户对于项目感兴趣的程度，并以此为依据对参与人数做出适当限制，同时为这些参与用户提供一些特权，以此来激发用户的“抢购”心理。因为机会难得，所以参与成功的用户会更加珍惜机会，从而有效促进共创项目的成功。小米新品发布时所推出的“限时限量抢购”活动，正是有效利用了这一点。

引发好奇心

好奇之心，人皆有之。在参加游戏挑战时，很多人并不清楚挑战成功后可以解锁哪些新技能或随机获得哪些奖励，正是这种好奇心，促使人们对结果更为关注，更容易全身心投入挑战之中。

总之，沉浸式体验的打造需要综合考虑多种因素，可以激发用户的紧迫感、荣誉感、好奇心，可以对用户进行短期外在激励，也可以进行长期内在激励，搭建全方位体验场景，这是数字时代体验对我们提出的新要求。

从服务型体验到创造型体验

从商业的逻辑来看，过去的用户体验主要以服务型为主，所谓用户体验简单来说就是向用户提供一定服务。而到了数字时代，用户在体验过程中还可以创造一些新的概念。就像前面我们提到的游戏，用户在游戏中可以自由发挥，输出创意，同样，数字时代，用户也可以在体验过程中进行相应创造，甚至可以自己为自己创造体验。

同样以上面提到的床为例，原来一张床要为用户创造良好体验，就是要向用户传达这张床多么美观，睡上去多么舒服，是客户的不二选择。但是现在，我们可以借助数字化，对用户的睡眠情况进行记录，比如翻多少次身，起了多少次夜，腰椎受力是否均匀等，然后定时根据用户的睡眠报告，再对这个床的功能进行优化，使用户的睡眠体验更好。

在数据没有产生之前，这张床实际上是没有体验的，而当客户使用之后，才会产生相应的数据，从而形成睡眠报告，根据睡眠报告对床进行调整，体验由此而生。数字化不止于技术，更是一种生活方式，一种工作方式，一种创造方式。未来的数字化世界，一定是一个协同网络世界，借助物联网，我们将体验者也变成一个新的创造者，这样才能打造真正满足客户需求的体验。

从千人一面的体验到一人千面的体验

科技的发展给人们的生活带来了翻天覆地的变化，也帮助企业实现了许多过去不可能实现的任务。

比如借助物联网，一个人在看电影过程中去了多少次卫生间、哪个片段去的卫生间都可以被记录，而通过这些数据我们可以了解该用户对于该电影的哪些情节不太感兴趣。同样，视频网站可以通过用户的搜索记录和历史浏览记录，来判断一个人所偏爱的视频风格，从而为其实现更精准的视频推荐……

这在以前，基本上是不可能实现的任务，但是今天，人工智能、大数据等科学技术的发展，让这些都变成了现实。数字化体验时代，针对用户的特点，制订精准的营销方案，打造个性化体验，成为企业破局的关键。企业需要挖掘不同场景下用户对产品所产生的不同情感认知，然后有针对性地分析用户的行为需求，并由此对用户未来行为进行预测，以此实现流量的精准传播，打造真正个性化体验。在科技的支持下，体验开始从过去的千人一面向一人千面转变。

事实上，数字时代的超预期用户体验就是从被动到主动，从不懂我到懂我，甚至为我先行创造，从智联到物联。我认为，未来数字化将持续推动整个服务业低成本、高效率地发展，为用户带来个性化体验。下一个时代，一定是数字化的时代。如果你不是一个数字化的企业，不能打造数字化产品，不能创建数字化体验，那你的企业将会是这个时代的遗孤。

三重体验法：感观体验、情感体验和行为体验

需要强调的是，数字时代，无论用户体验的特点和体现形式如何变化，体验的根本没有变，最终还是要回归用户本身。

体验的最终目的是让用户在购买或使用过程中感到愉悦。美国生物学家保罗·麦克里恩曾经在其著作《进化中的三重脑》（*The Triune Brain in Evolution*）中提出了“三重脑”理论，他认为人的大脑结构

保罗·麦克里恩“三重脑”理论

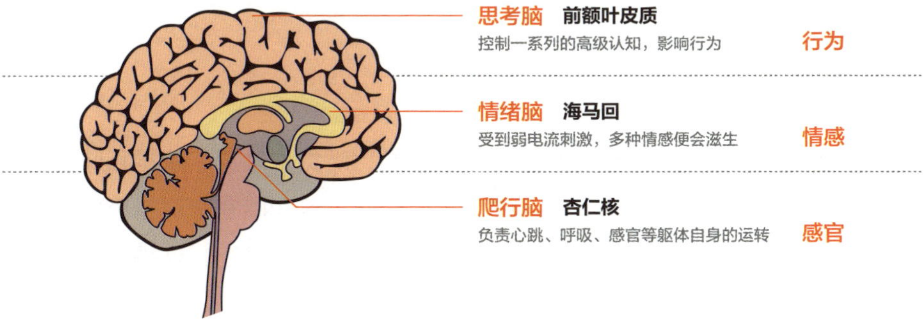

分为三层：杏仁核、海马回、前额叶皮质。杏仁核是爬行脑，负责心跳、呼吸、感官等躯体自身的运转；海马回是情绪脑，根据感受到的东西产生不同的情绪；前额叶皮质是思考脑，思考脑会影响人们的行为。

回到用户体验的层面。基于“三重脑”理论，我提出了“三重体验法”，三重体验法将用户的体验分成了三个层面：感官体验、情感体验和行为体验。

三重体验法

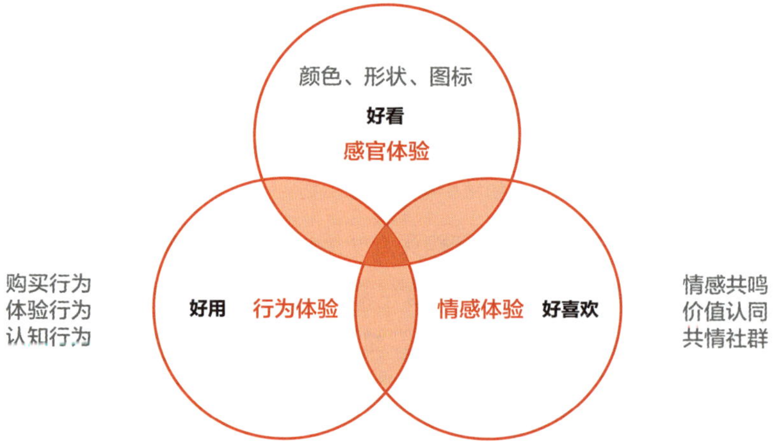

感官体验

亚里士多德把人的感官分为五种：视觉、听觉、触觉、嗅觉和味觉。在人类发展的历史长河中，我们曾通过这些感官来对世界做出最原始的回应，例如通过味觉来辨认哪种水果好吃，这是人们最早认识和感知世界的方式。时至今日，我们对世界做出的许多体验回应也是如此，直接通过感官而不需要通过大脑分析，就能做出体验回应。

视觉

视觉是一个非常重要的感官，人类80%~90%的信息都来源于视觉。因此我们可以通过产品的色彩、形状等向用户传递相应的情感和信息，达到触景生情的效果，例如暖色通常会带给人们兴奋和热情的感觉，而冷色往往带来镇静、凉爽的感觉。

> 菲利普·斯塔克是法国的一名传奇设计师，1990 年，他受邀设计一款形状怪异的榨汁机：奇特的三只爪子、上面安着一个大大的头。因外形酷似一个外星人，菲利普将其命名为“外星人”榨汁机。这款榨汁机不仅形状怪异，价格也比市场同类产品高出许多，但是却丝毫没有影响其销量，一经面世便成为爆品，销量过百万，是设计行业中的经典之作。

这款榨汁机成功的地方就在于奇特的造型和怪异的名字，一上来就给一种耳目一新的感觉，通过视觉的刺激，带给用户良好的感官体验，从而触发了用户的好奇心，引发了用户的消费行为。

嗅觉

嗅觉可以有效调动用户的记忆情感，增强用户的联想，比如闻到花香，人们的脑海中就会出现对花的联想。因此，嗅觉体验可以让用户在脑海中形成关于产品的某种特殊记忆。

比如气味图书馆推出的一款名为“凉白开”的香水。提到凉白开，相信很多人会想起小时候玩得大汗淋漓时，父母喊我们来喝口凉白开的场景，它调动的是人的记忆情感。这个香水的前调有些铁锈味，让人一下联想到过去铝壶煮完水的味道，之后掺杂着雪、松树、糖果、圣诞树等多种不同的味道，给人留下深刻印象。

这款“凉白开”香氛产品的成功之处，便在于成功利用嗅觉来调动用户的感官和情感，让用户留下对空间、产品的特殊记忆，这就是嗅觉体验的重要意义。

味觉

物有五味：酸、甜、苦、辣、咸，而味觉是人不可或缺的基本感觉之一，在产品打造过程中，味觉往往可以和视觉联动。

日本著名设计师深泽直人，曾为一家饮料公司设计了一款果汁包装盒，这款包装盒的特别之处在于根据果汁的不同口味采取了不同造型，让人通过包装盒的外形就能够清楚感知果汁的口味。为了达到更好的效果，在材质的选取上，深泽直人也采用了类似果皮的材质，使其水果造型更加逼真，从而充分刺激用户的视觉器官，让人产生触摸和打开的冲动。这款造型小巧动人的包装盒一经推出，就吸引了大量用户。

深泽直人这款果汁包装盒的成功之处就在于，巧妙使视觉和味觉发生联动，利用逼真的形象直接向用户传递饮料口味，透过视觉成功调动人们的味觉体验，从而刺激用户产生购买消费的欲望。

听觉

听觉是人类社会生活中必要的交流渠道，它能够增强人们感知环境时的参与感和安全感。听觉体验往往能与人们脑海中的一些想法建立连接，改变人的情感，例如听到海浪的声音，人的脑海中可能就会联想到海浪的画面，这些符号已经成了一款产品和品牌在用户脑海中的记忆点。

> 好的音乐在适当的场景下能够感染人，当音乐与空间契合以后，可以让人产生空间想象。我们知道大型综合商场由于空间大、人流量大，人处其中常常可以听到各种噪声，严重影响购物体验。针对这一点，某商场在设计时，结合商场不同空间的作用，对空间大小、装饰材料以及背景音乐进行了调整。比如针对休闲空间，商场采用了相对较为隔音的装饰材料，同时多配以优雅轻柔的音乐，以此来为人们打造一个相对安静、轻松的休闲环境；而娱乐空间，由于人流量较为密集，所以其空间体量较大，设施众多，音乐背景也多采取欢快的音乐，以此营造欢乐的场景。

该商场针对不同空间、用户的不同需求，对空间大小、材料等进行了严格挑选，同时还采用了不同的背景音乐，以此为用户打造一个舒适的声音环境，营造良好的听觉体验。

触觉

触觉，就是用户接触产品的直接感受，它能够帮助人们加深对产品的认知。比如，随着现代书籍印刷技术的不断进步，越来越多的材质被广泛应用于书籍设计中，除了纸以外，还包括丝织品、塑料、皮革、金属、化纤等。木板、金属的材质厚重，给读者稳重、坚实的感觉；丝绸、宣纸的材质轻薄，给人愉悦、浪漫之美；还有一些不透明纸张、PVC等材质，让人有种安全感。

除了五感，人体中还有另外一些感官在发生作用，例如：体感、平衡感、疼痛感等。总之，感官体验是用户情感的触发器，它能够调动用户的情绪，改变用户的潜意识，很多时候，提升用户的感官体验甚至比营销更加具有说服力。

感官体验的创新就是从独特的角度出发，打破产品在用户心中的原有形象，抓住用户的好奇心和新鲜感。良好的感官体验，不仅给用户带来感官上的冲击，还通过感官向用户传递产品的信息和功能，吸引用户进行消费。

情感体验

如今的市场环境，市场参与者众多，产品大同小异，怎么才能从众多产品中脱颖而出，让更多消费者选择购买你的产品？我认为企业要更加注重用户的感受，只有用户认同和喜欢产品才行。那么怎么才能让用户发自内心地认同和喜欢？我认为就是要让产品有“情感”，能和用户产生情感的共鸣，让用户得到情感上的满足。

用户的情感需求有很多种：安全需求、艺术需求、精神需求等。精神需求高于其他需求，满足用户的精神需求能够让顾客的体验感不断上升。

那么怎么满足用户的精神需求，让用户得到情感上的满足？我认为企业必须以用户为本，从用户精神需求的根源出发，贴合用户需求，注重产品细节，打造一款人性化的、有温度的产品。

注重产品细节

人的情感是多种多样的，情感对人的影响是巨大的，同样在产品的体验过程中，情感体验对用户的影响也是非常巨大的。细节决定成败，要为用户提供良好的情感体验，最简单也是最有效的方法就是从细节入手，认真对待产品的每一个细节，用细节赢得口碑。

好的产品设计往往就是这样，不仅要有华丽的外观、炫酷的技术，最好能在细节上唤起用户内心的情感共鸣，让用户觉得一切都是那么的自然。细节带给用户的情感影响是巨大的。不少智能手机公司的成功，和其对细节的重视有着非常重要的关系，正是无数细节为用户带来了前所未有的情感体验，从而成功打动了用户。

打造有温度的产品

除了注重产品的细节，还要尽可能做到人性化，让用户觉得产品是有“温度”的，唤醒用户记忆深处的情感。有“温度”的产品能让用户感觉不是面对一个冰冷的工具，而是一个富有感情的“人”。

> 日本是一个老龄化非常严重的国家，在日本你可能会经常看到一些老年人去商店购物的场景。日本还是一个岛国，一年四季下雨的时间非常多，所以人们出门的时候往往会带上一把雨伞。在这样的一把小雨伞上就能看到非常贴心的设计：他们在雨伞的伞柄处设计了一个凹槽，这个凹槽就是用来放购物袋的地方，非常贴心。

虽然凹槽很小，但是给人们带来了便利，让人觉得非常自然、贴心，用户能够从这一贴心设计上感受到产品的“温度”，从而建立和产品的情感联结。一旦用户的情感需求得到满足，用户自然会心甘情愿为其买单。

简单来说，情感体验就是要用户在使用产品之后觉得“好喜欢”。这个时代提供给人们更多的选择，产品之间的质量和功能差异也变得越来越小，这个时候，情感就要比产品的功能体验更加有效。理性并不像我们想的那样起着主导作用，在很多时候，情感也藏在理性思考的过程中，甚至情感在理性判断的过程中还有着决定性作用。理性只能让用户对产品做出评价，而情感才能让产品被选择。企业要深刻领悟到这一点，将用户的情感体验打造到极致，引发用户的消费行为。

行为体验

感官是情感的触发器，情感是用户行为的发动机。只有满足了用户的感官体验和情感体验，才能更好地引发用户的购买行为、体验行为和认知行为，从而形成行为体验，让用户从“好看”“好喜欢”到觉得“好用”。例如去商场买衣服，只有消费者觉得衣服好看才会引发更深层次的行为体验。反过来，行为体验又可以进一步加深用户对产品的情感体验，因为“好用”而变得“更喜欢”。

实践是检验真理的唯一标准，我想说的是行为是检验产品的唯一标准。用户只有在深入了解和使用一款产品之后才知道这个商品好不好用，满足用户的功能需求，才能引发用户的购买行为、体验行为和认知行为。

> 比如，QQ和微信，它们同样定位社交类产品，来自同一个公司，但走的却是截然相反的两个路线。QQ走的是娱乐型路线，在QQ中我们不难发现很多娱乐性的因素：QQ农场、QQ牧场、QQ宠物等；而微信走的是实用型路线，用完就走、操作简单，代替了电话、短信、银行/邮局等，带来很大便捷，这是微信特色。

> 虽然QQ这种娱乐型社交方式曾经风靡一时，但是在这个快节奏的时代，人们显然更加钟意微信这种实用型的社交方式。为了提升用户的行为体验，微信抛弃了陌生人社交，主打熟人社交，操作简单、好用，还能够满足基本的社交需求，虽然缺少了很多娱乐性的因素，但是带来良好的行为体验。

良好的行为体验，就是要让用户觉得这款产品简单、好用，能够满足用户的需求，这才是用户购买商品的根本驱动力。体验是消费行为的催化剂，只有为用户带来让其满意的体验，才能增加用户对于产品的认可度和忠诚度，从而形成真正意义上的好产品。

营造良好用户行为体验的前提是理解用户，要想成功打动用户，就必须先搞清楚谁是主要用户，这些目标用户想要什么等场景使用问题，围绕场景去打造全新内容，通过互动去创造超出用户想象的愉悦感。

总之，三重体验法要求我们从三个方面的体验出发，提升产品的用户体验：感官上迎合用户，情感上打动用户，行为上满足用户。如果产品能够在这些方面同时兼顾，那么这款产品将更容易获得用户的认可。

7

用户全局观

五位一体
实现真正的产品创新

不谋全局者，不足以谋一域。

用户视角、用户场景、用户共创、用户服务以及用户体验共同构成了用户观。真正优秀的设计师、产品经理不但要清晰了解并掌握每一个要素，还要能够从整体角度去认知、思考和应用，做到真正的融会贯通。只有真正把每一个要素融合贯穿在一起，才能构建正确的用户观，成为真正的设计高手。

构建用户全局观的三大思维模式

用户观由用户视角、用户场景、用户共创、用户服务以及用户体验五个重要部分组成，前面我们分别针对每一个部分进行了详细讲解，下面我们先通过三种思维模式来对这几个模块进行系统梳理。

用户全局观链条

在爱因斯坦狭义相对论提出以前，在人们的意识中，时间和空间是

构建用户全局观的思维模式一：用户全局观链条

各自独立的、绝对的存在，甚至许多物理学原理都是在此基础上建立起来的，这其中就包括牛顿的经典力学和经典运动学。基于这种认知，人们在思考问题和生活方式时往往都采用线性逻辑，比如流水线作业就是典型的线性思维模式。

所以，我要分享给大家的构建用户观的第一个逻辑就是线性用户思维：首先，转换成利他的用户视角，把自己放到用户的位置上思考问题；然后，围绕用户构建不同的用户场景，在用户场景中进行开放式创新，让生产商、渠道商、用户等全部参与到产品设计中来；而后再设计相应服务节点与流程，提供直抵用户内心的服务；最后产生良好的用户体验。

用户全局观罗盘

和线性逻辑相比，罗盘逻辑就相对灵活了很多，因为罗盘可以随意旋转。从这个角度来看，在构成用户观的几个重要模块中虽然每个模块都有自己独立的运转机制，但是几个模块之间也存在一定的联

构建用户全局观的思维模式二：用户全局观罗盘

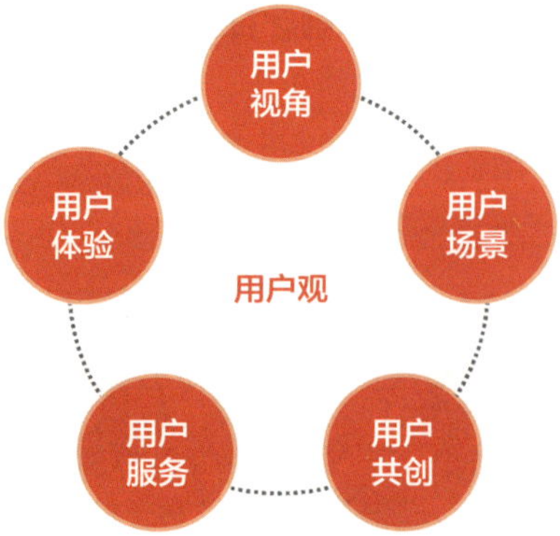

系，我们可以根据自己的实际情况选择任意一个擅长的模块进入，再用它撬动、串联其他四大模块。只要能够找到这几个模块之间的联系，每一个模块都可以作为切入点进入，然后构建全局。

用户全局观涟漪

涟漪，形容被风吹起的水面波纹，应用到这里是指这五个模块之间相互关联，一环套着一环。它们之间不是简单的相对关系，也不是简单的初和始的关系，而是你投石于水中，水面便会荡起波纹，一层层向外扩散。几个模块之间相互纠缠，相互成就。

构建用户全局观思维模式三：用户全局观涟漪

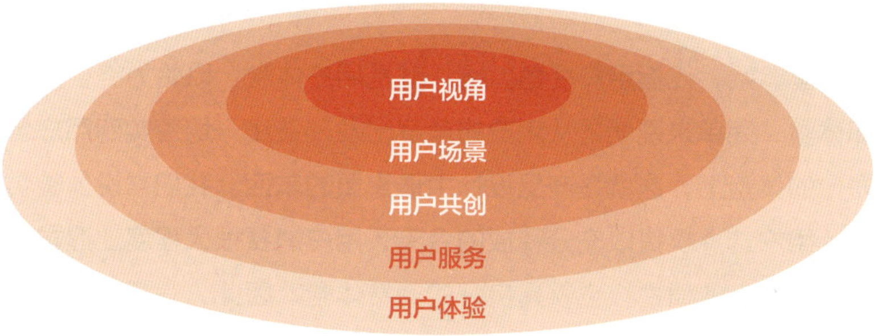

以上就是构建用户观的三个系统思维模式，它们之中没有最好，只有最适合。

无论采用哪一种模式，只要你能够真正融会贯通，都可以有所收获。为了帮助大家更好地理解，下面的章节中，我将为大家讲述几个洛可可亲自操盘过的案例。实践是检验真理的唯一标准，没有实战，任何理论都是纸上谈兵，不能解决任何问题。

以始为终，用户即体验

在这里，始，代指用户视角，终，就是用户体验。以始为终，用户即体验，简单来说就是从用户的角度出发，最终一切落实到用户全方位的体验上，这就是产品设计中最重要的东西。我们常说体验至上，用户选择权得以充分释放的今天，用户消费很大程度上追求的就是精神上的愉悦，也就是良好的消费体验。因此，在打造产品时我们可以从用户视角入手，找准用户需求，打造全新用户场景，通过用户共创改进产品，形成服务流，建立服务标准，最后酿成真正愉悦的用户体验。可以说，构成用户观的前面四个模块都是为最后一个模块服务，用户最后所追求的就是好的体验。这也是用户全局观链条思维模式的核心。

这样的解释可能会让大家感觉比较抽象，不要担心，下面我们就结合一个海底捞自嗨锅的案例，为大家详细讲解如何将这种思维模式应用到实际产品打造过程中，这是一个典型的以始为终的用户观应用案例。

提起海底捞，大家肯定不陌生，这是一家知名大型餐饮品牌火锅店，创立于1994年，于1999年开始由四川简阳逐步开拓至全国市场，如今在国内各地直营餐厅已达上百家，并且业务已经成功拓展到国外，新加坡、美国、韩国以及日本等地均可见其身影。成立至今，海底捞已经成功走过二十多年，这期间，无微不至的服务一直被人津津乐道，并成为无数企业学习的楷模。当然，多年来海底捞能够持续发展，依靠的绝不仅仅是服务，其整体经营模式，对时代趋势的把握，以及永远以客户为中心的经营思想等许多方面都非常值得大家学习。

企业追求的核心是增长，无论是拓店、研发新产品，还是不断促进线上、线下的融合，所有的商业行为都是以增长为目标。我们知道，线下餐厅的营业额很大程度上取决于翻台率。通常情况下，单位时间的翻台率越高，其营收越大。而当海底捞发展到一定程度时，受营业时间和物理空间的限制，其翻台率受到了很大影响，高峰时期，长时间的等位几乎成了海底捞用户的常态，而这就极大地限制了海底捞的增长，同时也容易造成不良的用户体验。在这样的情况下，海底捞开始谋求新的发展方向。

从用户视角入手，挖掘用户在家享用火锅的需求

2015—2017年，在消费升级的时代大背景下，大众餐饮习惯开始呈现出简化趋势。根据前瞻产业研究院发布的《中国方便食品行业市场前瞻与投资规划分析报告》统计数据，2016年，我国方便食品市场规模高达4063.69亿元，虽然这一数据在2017年降至3791.17亿元，但市场潜力依然不容忽视。

与此同时，伴随互联网的发展，我国外卖行业也呈现出突飞猛进的发展态势，据美团点评研究院发布的《2017年中国外卖发展研究报

告》，2017年我国在线外卖市场规模超过2000亿元，外卖用户规模高达3亿人。

另一方面，中国单身成年人口数量一直居高不下，独居成年人口数量也非常惊人，在这样的情况下，用户一人食的需求也越发明显。

企业增长逻辑的实现主要依托于用户需求，种种数据表明，用户的用餐习惯已经发生了改变，越来越多的人习惯于依靠网络足不出户满足吃饭的需求，通过对数据分析，海底捞及时地发现了用户人群的这种改变，从用户视角来看，到店吃火锅的诉求显然已经无法满足更多细分用户的需求。

打造用户一人食的居家场景

在这个背景下，海底捞开始尝试打造新的需求场景，以实现火锅场景的延展，将火锅用餐场景由餐厅延伸到家庭等其他地方，而洛可可也非常有幸参与到了海底捞火锅的场景拓展工作中来。

最初，海底捞曾经尝试推出火锅外卖业务，用户只需要提前预约，便可以由海底捞提供专业的配送服务，将所有餐具和菜品配送上门。用户用餐完毕后，还会安排人员上门回收餐具。这种方式虽然在一定程度上满足了部分人群在家享用火锅的需求，但是配送、回收等服务极大增加了餐厅的人效压力，在实际使用过程中，同样受到极大限制。那么，如何在摆脱人力依赖的基础上实现火锅就餐场景的延展，满足用户一个人在家享受火锅的需求呢？快消产品无疑是最好的选择，新场景的新产品——自热小火锅由此应运而生。

当然，自热小火锅的研发也需要企业供应链的支撑，海底捞有非常专业的供应链企业——蜀海。该企业成立于2011年6月，是一家集销售、研发、仓储、运输等多环节为一体的专业餐饮供应链服务企业，它在全国各地具有非常先进的冷链物流中心以及食品加工工厂等基地。在蜀海的支持下，海底捞完全有机会、有能力去实现快消产品的打造，这为自热小火锅的诞生提供了坚实的保障。

用户共创，让用户参与到产品设计中来

在自热小火锅的具体设计过程中，为了更好地了解用户需求，更加深入探索用户真实消费和使用习惯，我们不仅选择了适当的用户群体进行大量的用户调研问卷，还通过数据分析等多个方式来探寻用户的真正痛点，并针对产品结构、体验、视觉等方面广泛征询用户建议，让用户参与到产品的设计和优化中来。

提供简单、高效的用户服务

在海底捞之前，市场上已经有上百种自热火锅。这并不是海底捞的创新，但海底捞对它的理解完全不一样。照常理，人们一般把它当成是方便食品，因为它在超市货架上就是和方便面、粉丝等放在一起。那么海底捞是怎么想的呢？它卖的不是方便食品，而是吃火锅这个服务——就是海底捞一贯在做而且很擅长做的事。

从用户视角来看，用户需要的是一个非常方便的居家用餐体验，一个人也可以在家里吃到美味、健康又方便的火锅。所以在用户服务的打造上，我们主要从两个方面入手：第一，简单，避免麻烦；第二，提高效率。

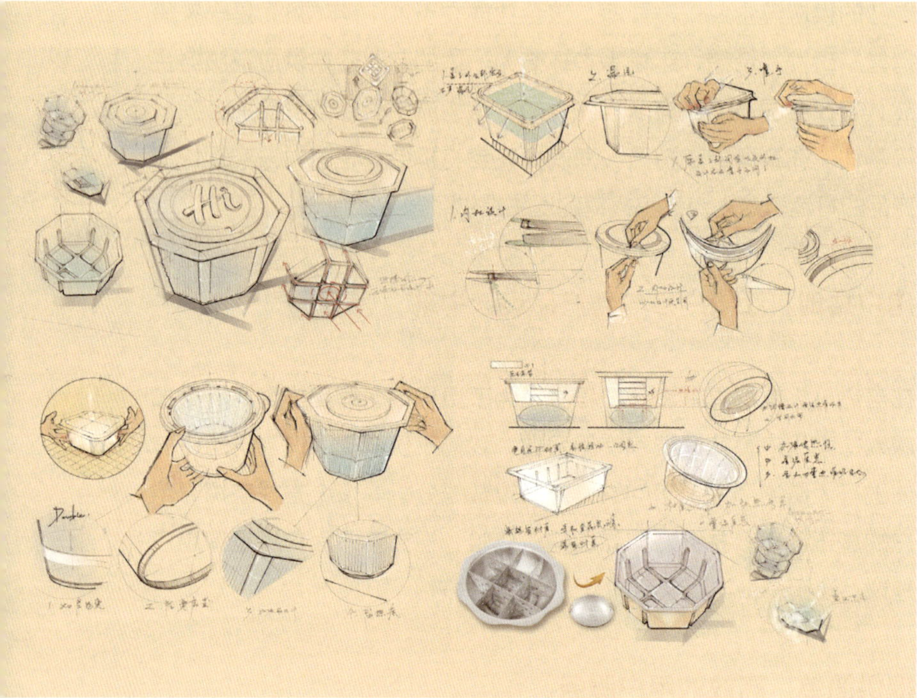

简单，避免麻烦

传统火锅的食用，需要洗菜、洗锅、点火、烧水、涮菜等多个步骤，是一个相对烦琐的过程，而基于用户“享受舒适生活”的人性特征，自热火锅研发的原则，首先要尽可能减少用户的操作步骤，最终将复杂的火锅食用过程简化成了五步：

第一步，打开盖子，把食材放进上层餐盒。

第二步，打开底料包，将底料慢慢倒入上层餐盒，加水至刻度线。

第三步，将加热包的透明外袋撕掉，放进底层的盒子，加入凉水至注水线处或没过加热包2/3处。

第四步，上层盒子放入底层盒子，盖上盒盖，加热包就开始加热了，12~15分钟后，火锅完成；

第五步，打开盖子，搅拌均匀即可享用。

提高效率

从烧开水到食物煮熟，用户的等待时间通常较长。长时间的等待无疑延迟了用户的满足感，而且很多企业也一直在试图营造这种延迟满足来撩拨用户的情绪和认知，比如复杂的使用流程，长时间的排队、预约等。但这是一把双刃剑，抛开产品生产周期和营销手段，我认为，针对大众的平价消费品，不该让用户过多等待。因为用户可选择、可替代的产品太多了，只需要一部手机，他可以随时选择让他即时满足的产品。

为了更好地提升效率，我们通过结构设计使加热包和水反应所产生的热能得到最高效率的利用，比如底层盒子采用了超大四汽道加热工艺，使加热效率显著提升，以最大限度地提高加热速度，减少用户的等待时间。

提升安全性和品牌记忆，打造良好用户体验

安全是许多用户非常关心的一个问题，自热的温度可以在很短的时间内达到近90摄氏度，所以在防烫的设计中我们也做了很多工作。比如包装盒的盖子，我们采取了全新内扣上盖，有效防止蒸汽烫

海底捞自热小火锅设计

伤；盒盖还采用1.8厘米侧边双耳设计，可以让用户在拿取时更方便、更稳；底层盒子也选用了比较有质感且隔热性、耐热性高的材料。

同时，为了避免用户在加热过程中烫伤桌面，和在类似玻璃材质的桌面上使用该产品时导致桌面炸裂的情况，我们对包装下面的防烫装置进行了改进，增加了底部缓冲垫圈，以此更好地保护桌面。除此之外，为了让用户吃得更健康，用来装食物的上层盒子我们使用的是导热性高、可塑能力强、耐热性强、性能比较稳定且无染色的环保材料，以使用户安心使用。

海底捞自热小火锅包装设计

最后，为了创造足够的火锅食用意境，上盒设计中我们专门还采用了老重庆九宫格火锅的井字格造型，以此来彰显火锅文化。同时为了更好地加深品牌印记，在盖子上排气孔的位置还和海底捞品牌超级符号的“Hi”标志进行了巧妙结合，以更好地建立用户、产品和品牌之间的连接。

事实上，海底捞自热小火锅的设计逻辑，就是前面所说到的用户观思维模式中的线性思维模式。我们从用户视角入手，利用数据等分析了解当前的市场趋势，从而挖掘出用户在家享用简单快捷且美味火锅的需求，从而对产品进行准确定位：细分品类的单品爆款打造；以此出发，打造出新的用户场景——用户一人食的居家场景。然后在整个设计中针对用户痛点，利用用户问卷、数据精炼等方式，选择合适的调研目标，并以此设定相应的消费和使用场景，深入探索了解用户真实消费和使用习惯，让用户为产品结构、体验、视觉、品牌等方面提供合理建议，也就是通过用户共创实现产品设计和优化。从用户服务和用户体验两方面进行改进，打造良好用户体验，使海底捞自热火锅从同类产品中脱颖而出，加深了品牌在受众心目中的印象。

结果也是显而易见的，2017年该产品一上市就受到了用户的追捧，成为海底捞火锅品牌的爆款品类，月销量成功突破10万只。2018年，海底捞自热小火锅在不到一年的时间里，销售额就超过了4亿元。海底捞火锅底料的供应商“颐海国际”发布的数据显示，2019年上半年，其自热产品收入高达3.41亿元。自热小火锅开启了火锅市场的新篇章。

以终为始，体验即用户

以终为始，体验即用户。简单来说，就是我们可以从用户观最后一点，也就是从用户体验入手。体验好就能聚集用户，体验的优化过程就是聚集用户、创造用户场景、深挖用户需求的过程。同样，为了让大家对于这一理论有更为深刻的理解，下面我们就借助“猫王 · 音乐尾巴”来对这一理论进行具体阐述。

猫王收音机是一个复古音响品牌，由中国音响设计师曾德钧先生创立，其对自身的定位是“年轻人的第一台收音机”。猫王收音机的使命是针对年轻用户打造独特的、精致的复古音响，在智能时代里，做人与声音世界的连接者，“让每个人都听见生活乐趣”。

2014年，猫王推出第一款产品，这款收音机一经问世就以众筹的形式顺利销售100台，并成功收获了一批粉丝。随后，它相继推出了猫王2、猫王 · 小王子、猫王 · 小王子OTR、猫王 · RADIOOO等多个系列的产品，成功将收音机这种历史产物改头换面，以全新的姿态将其重新拉回到大众视野，并俘获了年轻群体的青睐。2019年4月，猫王收音机获得由“界面新闻 · 面谈”联合中央美术学院设计学院举办的“年轻人喜爱的十大设计新品牌”奖。

从用户体验入手，搭建全新用户场景

2018年年初，猫王和洛客建立合作关系，计划推出一款基于移动场景的产品。如果细心观察不难发现，猫王的产品线是秉承从大到小的设计原则，从最初的家用收音机，再到体积相对较小的小型收音机。而本次和洛客的合作，猫王希望打造一款“口袋电台”，一款小巧、精美，并让用户愿意随身携带的产品。因此，这款产品的设计初衷就是从用户体验入手，围绕“温度、陪伴、情绪”这一主题，为用户打造一款想分享的，好看、好用、好听、好玩的音响，从而搭建出一个全新的用户场景：音响可以随身携带，同时可以当礼物送给别人。

用户共创，征集产品创作建议和设计草图

为了实现这一目标，洛客集合全国12个分公司的团队，同时线上联合百名设计师，并鼓励用户参与到产品创作中，希望借助这种用户参与式的设计方式，吸引一批用户的关注，形成一定规模的用户话题讨论，然后我们再从中去洞察用户需求，寻找创意的方向。

我们并不是为了设计产品而设计产品，而是真正从用户的内心出发，替用户做出没想到却真实存在的场景需求的产品。互联网时代，只要有用户聚集，就有用户共创，因为借助互联网，可以比较容易形成大规模聚集。当用户大规模聚集以后，通常会自行产生需求，从

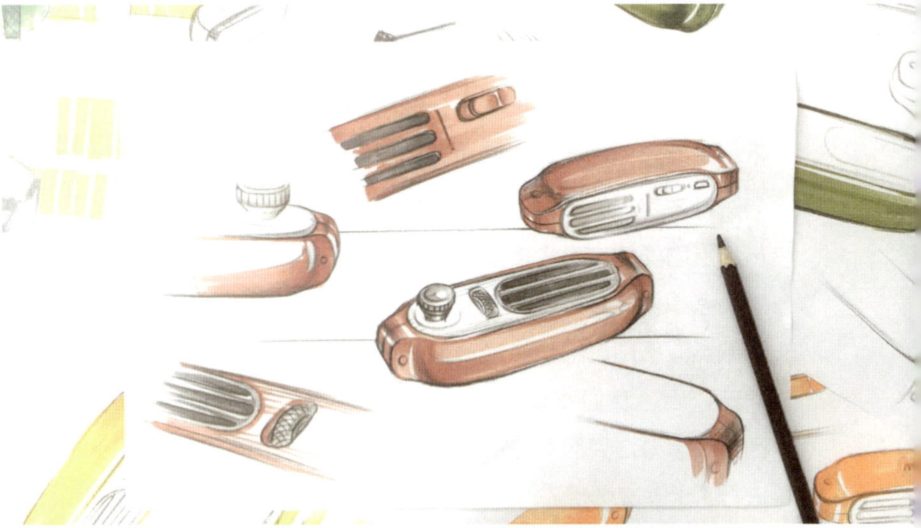

而指引产品迭代的发展方向。所以，只要找到应用场景，就能聚集用户，自然实现创造。

基于这一点，我们制订了一个创造社群的计划，通过线上平台去聚集大量用户参与到产品的讨论中来。每个用户都是一个创作者，在我们的组织下，有超过10万用户参与到该产品的打造之中。当时这个项目收到了几百张设计草图，之后，我们花费了大量时间和精力去对每一张草图进行可行性分析，包括对后期建模后产品材料工艺的评估。经过四至五轮的评审，最终确定了方案，口琴形状的音乐尾巴由此诞生。

设计和服务尽可能趋于满足用户需求，以用户视角决定产品标准

在用户共创过程中，我们主要围绕两个话题进行，一个是基于移动

场景的使用需求，另一个就是实现猫王一直提倡的复古文化的延续。

在基于移动场景的使用需求的探讨过程中，有用户提出长条形的形态更容易满足用户随时抓握、随时移动的使用习惯，就此方向，我们进行了深入的探讨。调研发现，基于音响声腔造型的限制，当时市场上同类的产品大多是圆形或方形的，所以我们基于用户的使用感受考虑打算尝试颠覆市面上这种普遍形态的产品，最终决定打造一款类似于尾巴的长条形产品，以方便用户将其放在口袋中。方案确定以后，我们发现极具挑战的一个点就是小尾巴的长条形设计，因为要想办法克服声腔的造型限制，为此，我们对出声单元的造型进行了十多次调整。

基于猫王复古文化的延续，我们重点调研了当代年轻群体对于复古文化的理解，比如在他们的印象当中，最能够打动自己的一些复古元素是什么？针对这一问题，我们从用户的答案中筛选出了两个比较有代表性的方向：口琴和留声机。围绕这两个元素我们分别进行了一些规划设计和创意构思，最终认为口琴形态更具有可行性，更容易被用户所接受。

为满足产品目标群体——年青一代的审美需求，在配色方面，我们延续了猫王产品的时尚色彩风格，在对猫王小王子系列的调性和基因进行传承的基础上，又以独特的口琴造型创造了自己独特的视觉符号。同时，为了达到良好的播放效果，设计时我们还特别使用了矩形大音圈喇叭，前后双喇叭的配置支持软硬件联控。此外，我们还为产品配置了挂绳环，这使得产品不仅可以放到口袋里，还可以以饰品的形式挂到身上或背包上，小巧美观，惹人喜爱。

猫王·音乐尾巴的打造过程，就是一个完整的“以始为终，用户即体验”的实践过程。在猫王·音乐尾巴的创造过程中，我们从用户体验出发，构建了一个新的用户场景——既可以放在口袋中随时拿出来使用，又能够作为礼物送给别人的全新体验场景。有了场景，我们借助平台成功聚集了大批用户参与到产品创作中来，由此，我们挖掘到了用户的真实需求，做到了真正从用户视角去完成产品的打造，相应的服务标准也在这个过程中产生。

上百个邦德设计师以及设计团队的参与，超过10万用户深入讨论的众创活动，3万多个创意回复，200多个创意草图方案，超过6个月的设计调整，近8个月供应链的匠心打磨，最终使得“猫王·音乐尾巴”这个形似小口琴、长度10cm、重量不足50g的迷你小音响一经问世便迷倒无数用户。2019年12月，在“向祖国汇报”暨人民文创新国货创新大赛颁奖盛典上，“猫王·音乐尾巴”荣获最佳产品设计奖，同时入选人民日报社、人民文创“70份独具匠心的国货好物”榜单。

猫王·音乐尾巴宣传图

短刀进入，任何一个环节都可以发现商机

用户全局观罗盘逻辑告诉我们，在构建用户全局观时，我们可以找到几个模块之间的联系在哪，然后可以通过任何一个模块作为切入点。无论是用户视角、用户场景、用户共创、用户服务还是用户体验，每一个环节都有可能蕴藏着无限的商机。即我们在打造产品时，不一定非要从用户视角入手，从用户体验中出来，或者从用户体验入手，从用户视角出来，也可以从用户服务、用户场景、用户创新等任意一个方面入手，关键要考虑自身资源情况。接下来我们以慕思为案例对此进行详细解读。

慕思是一个寝具用品品牌，旗下拥有慕思经典、慕思 · 国际、慕思 · 儿童、V6家居等多款产品系列，产品内容丰富，包括床垫、床架、床具、枕头、家纺等。2017年，慕思邀请专业的战略咨询公司为企业进行了一次全面的市场调研，调研结果反映出，当时慕思存在的一些关键问题中，最主要的是用户年龄明显老化，用户年龄平

均在45岁左右，这是一个非常危险的信号。

我们知道，床具是慕思的主要产品，这并不是一个高频消费产品，其销售主要针对两个场景：新婚和二次购房。新婚群体相对比较年轻，二次购房用户年龄大约平均35岁，所以用户老龄化预示着慕思的市场正在或者即将萎缩。

鉴于这种情况，当时的咨询顾问为慕思提供了一个比较重要的方向，希望其旗下专门针对年轻群体的产品线——V6家居独立出来，打造成一个针对年轻市场的独立品牌，以此来实现品牌的延伸。这对当时的慕思来说是一个非常大的挑战。和许多中国传统企业相同，慕思并不是站在用户视角看需求的企业，同时也不是十分理解用户思维，当时它基本上还在延续工业时代的企业思维模式，由自己开发产品分销给各个经销商，但是这并没有真正达到用户需求，没有办法与用户产生互动，这也是慕思产品用户老龄化的一个主要原因。在这样的情况下，慕思找到了洛可可，希望能够借助和我们的合作打开一条全新的道路。

从用户场景切入，为用户提供睡眠解决方案

经过初步了解，我们首先对慕思V6的定位进行了调整，在确立以帮助年轻人解决睡眠问题作为需求的同时，不再将目光只放在床这个单品之上，而是关注用户睡眠生活的多个场景，致力于为用户提供睡眠解决方案，也就是将v6由一个卖床的品牌定位转化成一个卖睡眠解决方案的品牌。这样我们就将V6的业务由单纯出售床这样一个消费低频的单品升级成为售卖生活日用品这样一个消费高频、用户全龄层的品类，这对于慕思的业务空间增长非常有利。围绕睡眠解决方案，我们开始梳理全新的产品逻辑，针对基于卧室场景的睡眠

需求，我们推出了智能床。

智能床的打造过程，很大程度上就是一个数字化的过程。借助数据，我们来了解并改善用户的睡眠情况，由过去物理床售卖材料、结构、外形的方式转变成出售一套健康的解决方案。在此基础上，我们首先构建了场景的多元化，打造了几个核心用户场景：

第一个，娱乐场景。比如亲子场景，用户可以带着宝宝在床上讲故事、听音乐等。

第二个，物理场景。比如用户躺在床上时，可以唤醒扫地机器人自动帮其进行卧室清洁。

第三个，起夜场景。对于许多夫妻而言，其中一个人起夜很容易给另一个人造成困扰。针对这一点，我们特别为床设计了重力感应装

慕思智能床

置系统。当床上有人离开，经系统捕捉后它可以控制智能床搭载的特制夜灯，而这个灯也是特别针对起夜需求而设计的，灯的亮度恰到好处，同时还不给另一半造成困扰。

代入用户视角，挖掘用户更多睡眠需求

我们对V6项目的正式改造是先从用户洞察开始的，需要强调的是，我们最初的洞察并没有从床入手，而是从目标用户的睡眠需求入手。通过调研我们发现当代年轻用户的睡眠需求已经发生了较大的变化。

基于卧室场景的睡眠需求

事实上，床是卧室家居体系中价格较高的一个单品，也是用户投入预算较大的一款产品。慕思打造床的核心是如何帮助用户快速入眠，针对这一点，他们在研究床垫的材料和床架的稳定性上投入了很多。但是我们在与用户交流过程中发现，用户在卧室床上的生活场景其实非常丰富，除了睡眠，他们还会做很多事情，比如年轻的妈妈们会和宝宝一起在床上做游戏等亲子活动；有些用户会和闺蜜一起躺在床上看电影、聊心事；还有些用户则喜欢坐卧在床上看书、办公……因此，现在的卧室已经由我们传统认知中一个睡觉的地方变成了一个新的生活场景。这种情况下，床就已经不仅仅是一个睡觉的地方，而是一个提供多种生活场景的小平台。

短睡眠需求

除了卧室睡眠，年轻群体的睡眠地点还存在于公司的工位上，出差旅行的飞机中、汽车里等，我们将这些在卧室外其他环境中的小憩都称之为短睡眠用户。经过相关调研，我们发现许多年轻用户在短

睡眠上的投资很高，比如用户为出差、旅游路程中睡眠所购买的U形枕，价格通常都在200元左右。因此，用户通常非常愿意为提高短睡眠的质量而购买一些高品质产品。

助眠需求

伴随生活节奏的加快，当代年轻人面临的压力也越来越大，在这样的情况下，许多年轻群体也都存在很多睡眠问题，比如失眠、多梦这些曾经是中老年才普遍存在的困扰。睡眠的质量对于一个人的健康、生活、工作等各个方面都有着非常重要的影响，因此一旦睡眠出现问题，大家通常会寻找各种解决方案，比如购买一些香薰、按摩器、睡眠音乐播放器等助眠产品。

因此，除了智能床的打造，我们还针对短睡眠以及助眠需求推出了一些衍生产品，使慕思拓展了一些原来并不涉足的产品品类，由此帮助V6成功搭起了用户全场景睡眠解决方案的产品线。

通过定制化服务，构建品牌差异性

为了更好地服务用户，我们基于订单模式设计了“定制服务”功能，为用户提供个性化定制服务。比如用户可以依据喜好选择布料、床架等，以使产品更好地满足用户需求，以此构建品牌差异化，放大自身优势，提升用户对品牌的认知与满意度。

构建体验空间，全方位提升用户体验

从某种程度上说，帮助企业实现用户年轻化，很大程度上要基于新零售打造一个大产品。如何理解大产品？我所理解的大产品就是为用户构建一个轻松愉悦的购物和使用体验，这里的体验包含用户对品牌的认知体验、产品的渠道体验等多个方面。

简化产品，加强认知体验

在购物中心这个环境下我们以核心产品体验为主，推出了专门的床垫体验区与床垫、床架定制区，让用户可以进行相应的产品体验，但我们却没有进行大面积的产品铺货。因为床本身就是一个消费频次较低的产品，过多铺货会造成店内面积的大量浪费，因此我们的重点在于引导进店用户进行线下体验与线上下单订购。

另一方面，对于用户而言，床的种类越多，越容易出现选择性困难。同时在购买决策过程中，我们发现用户对舒适度尤为敏感，比如床垫的软硬度。因此在对线下门店进行改造时，对店内床具的产品进行了简化，将原来的几十款缩减至9款，而且这9款单品全部可以让用户方便地感知其软硬度。

店内场景设计

慕思短睡眠以及助眠类产品

同时，为了让更多的用户有机会了解我们的产品，我们将一些比较吸引人的、消费频次相对较高的短睡眠、助眠工具主题的产品，以及VR体验模块与语音交互智能床样板间等智能体验产品设置在相对明显的位置，以更好地吸引用户目光，促使其进店选购。

打造直营店，增加与用户接触机会

渠道对于床而言是一个非常大的痛点，因为大多数人购买床会去一些家居综合卖场，但是这些场景非常低频。在没有家居购买需求的情况下，一个人通常几年也去不了一次，这就导致家居类产品品牌亲密度很难提升。慕思每年在品牌的宣传上都要花费很大的成本，但是依然很难与用户产生强沟通。因此，我们为其提出建议——打造直营店，这样才能让用户对产品及品牌进行切身的感知，并以此环境建立了与用户进行直接交流的场景，更有利于让企业了解用户真实的诉求。而且我们建议其直营店开在购物中心，因为这样才有更多机会接触目标用户，同时产品线的拓展引流使得用户进店率得到了很大提高，让许多用户在没有买床之前就通过其他产品接触了V6品牌，这样会帮助用户形成产品及品牌由此及彼的连续记忆，一但其有购床需求，很容易联想到V6品牌。

打造全新生活主题

我们知道传统床上用品讲究四件套，调研过程中我们发现许多年轻女性用户对于四件套的关注度较高，她们喜欢随着季节的变化甚至情绪的改变对床品四件套进行相应的调整，这也是当代用户追求愉悦生活体验的一种方式。因此围绕季节、节日、色彩情绪表达等维度，我们也为床品四件套设计了各种主题，以此更好地提升用户满意度。

在这个项目的实际操作过程中，我们以床为核心构建了一套完整用户睡眠的场景服务，将V6打造成一个全场景睡眠解决方案的品牌，使慕思成功实现了向低龄群体的渗透及延伸，以及整个品牌的延伸和跨界。

打造真正的用户思维

降龙十八掌出自金庸小说，是一套巅峰外功，有“天下第一阳刚神功”之称。金庸小说中的很多英雄人物，比如萧峰、洪七公、郭靖，都因降龙十八掌而威震武林。降龙十八掌，顾名思义，有十八式，包括亢龙有悔、飞龙在天、见龙在田等，每一式都非常厉害，许多小说人物只掌握了其中几个招式便已经非常强大。但是，武术讲究融会贯通，只有真正把各个招式融合贯穿在一起，理解透彻并熟练掌握每一式，才能成为真正意义上的高手。

前面我为大家介绍了用户观的五个重要模块，分别是用户视角、用户场景、用户共创、用户服务、用户体验。工业时代，企业拥有技术、设计、产品，但基本上是以企业为主导来驱动，并且企业面对的是渠道，离用户很远。而数字时代，用户不管在哪里，都是通过信息技术连到一起，企业、渠道、设计、科技，都围绕着用户，通过数据和算法，我们就可以为用户提供更便捷的服务，而在这个过程中，核心只有一个：用户。无论是用户视角、用户场景、用户共创、用户服务还是用户体验，其最终目的都是要打造出一个让用户满意、能够为用户带来愉悦感受的产品，而只有明确每一部分对于企业构建整体用户观的意义，才能产生全局观念，也才能更好地理解用户，打造出真正意义上的用户产品。

很多企业在构建用户观时，总是习惯聚焦于某一点，这没有错，这几个部分中，把任何一个部分应用熟练，都有可能取得一定成绩，得到小成。但如果你想要大成，想打造真正高价值的产品，就必须对五个部分进行系统理解，灵活应用，从全局去看待用户观，去看待构成用户观的每一个因素。拥有全局观才能打好降龙十八掌，才能实现真正的产品创新。

附

产品创新黑马实验室

贾伟问答

在产品创新黑马实验室中，除了向学员讲述我的产品创新理念，我还与学员进行了深入的互动，就大家所关心的一些问题进行答疑解惑，一起探讨产品创新过程中所面临的一些实际难题。在此，我还原了部分自己与实验室学员之间的具体对话，希望能够给拥有同样困惑的你带来一些启示。

问：我有一件非常纠结的事情，我们曾经推出一款产品叫“恶搞爱马仕”，就是在爱马仕的基础上进行二次创意，这款产品复购率很高，销售成绩可观，三年卖了100多万只包，我们的客单价1000多元到2000多元。这款产品没有做过一分钱的营销和推广，它是一个自发的行为。

后来，我们开始坚持原创产品，我向所有设计师强调，要尽量保持与别人不一样，不要去参考任何大牌，但是成绩却并不是很理

想，因为研发上面投入很大，所以一直没有盈利。另一方面，直到现在，我们仍然会接到许多客户和合作方的反馈，希望我们能够将之前的“恶搞爱马仕”继续做下去，但是我认为这款产品从价值观的角度来看，不是特别正向。原创和恶搞，中间涉及了美誉度和道德底线的问题，所以我现在很纠结：我应该怎么做判断和自我抉择呢？

答：这是一个非常典型的三观案例。用户观过，价值观不过，世界观不对，这叫三观不自洽。用户观和价值观不自洽，价值观和世界观不自洽，用户观和世界观不自洽，“我”和“我们”不自洽。

产品三观，底下是世界观，中间是价值观，上面是用户观。恶搞爱马仕，从用户观层面用户非常喜欢，也就是微观世界用户的体验不错。但是到了价值观，这个价值包括商业价值、组织价值、社会价值三个层面，都是有问题的。商业价值层面，如果你是爱马仕，别人恶搞你的产品，你肯定不舒服，这不是一个好的商业价值，因为违背了商业基本的尊重和规律；团队价值层面，作为团队的一员，你对产品的价值有疑惑，团队中成员肯定也有类似的担心，对产品并不是十分认可；社会价值层面，如果大家都模仿你们去恶搞，这个社会能好吗？肯定不会。到了世界观层面，就是创始人内心能不能过。你内心过，你的世界观就有问题；你内心不过，这个事情就坚持不下去。世界观决定你能走多远，如果世界观没建好，你肯定走不远。一旦有人对你表示质疑：“你怎么是这样的人？”你就会感到心虚。年轻的时候犯点小错误正常，但你不能犯一辈子错误。

问：我们是一个风险投资机构，专注于智能制造、硬件和新能源汽车工业领域。在一次行业调查中我们发现，当前在日本和韩国两个国家，大多数会员积分消费都还是使用实体卡，比如在7-11便利店消费100块钱，它会积点卡，积到一定程度会返券或者折扣，我们想把它变成虚拟卡，因为实体卡带着很不方便，这是一个新的场景吗？

答：只要你把行为逻辑变了，就算。原来拿卡，现在不是了，手机二维码是大的场景改变。几千年来是钱支付，工业时代变成了卡支付，今天刷手机、刷脸就可以了，这是大场景改变。什么是场景改变？是几百年、几千年的行为改变了。

这个世界有三种改变是颠覆式的改变。

第一，改变生活方式。
我认为滴滴出行可以成为一个伟大的公司，因为它真的改变了我的出行场景。自从有了滴滴，我已经不再雇用专职司机，也已经很久不自己开车了，我的车基本已经成了一个摆设。

第二，改变工作方式。
原来装车不是流水线，Model T出来是流水线，工作方式有所改变。洛客就是对工作方式的一种改变，过去设计师是坐在一间屋子里做设计，现在可以在全世界做设计，而且我把用户、设计师和供应链放在一起做，即使你身处德国、美国、日本，也可以和中国的用户合作，可以在中国完成产品的最终制作。今天洛客已经把很多工厂变成数字工厂，我们连接泉州的数字工厂，与设计师连接在一起，工厂实现物理世界数字化，最终实现效率最大化。

第三，改变创造方式。

今天，“数据+智能”实现了万物有声、万物有灵、万物有眼，让产品变得更有想象力。今天的我们可以借助大数据和人工智能更加迅速、精准地找到用户需求，并创造出一个不一样的产品。

大改变只有这三种方式。改变生活方式，叫体验改变；改变工作方式，叫效率改变；改变创造方式，叫想象力改变。这三种改变，都能成就伟大的公司。

问：从设计上看，洛可可有产品的设计、服务的设计，还有商业模式的设计，那么，洛可可如何定义服务设计？在对企业进行服务设计时，洛可可主要是提供更多的新奇创意，还是将企业的创意进行优化？

答：服务设计首先是一种设计思维，是以用户体验为核心来构建整个商业环节。第二，它是个系统，不是一个单独的创意，如果是创意的话，我们卖创意就好了，你看到的是不同的工种、不同专业的人，从了解到进入、参与、离开，整个过程是一个复杂的项目过程。这个过程当中，我们需要考虑的是用户价值，如何通过感官、行为和情感，提升用户的愉悦感，以及怎样服务这个用户。第三，还有连带，将服务转变为一种连带产品，比如设计连带产品。原来的博物馆主要收入方式是门票，现在它有课程、有内容。当然，在这个过程中，我们也可以让用户参与其中，从用户身上挖掘出更多的创意。

问：我们是一家空间设计公司，空间设计的门类很多，有餐饮空间、地产空间、品牌空间、展厅展馆、商业空间等，但是我们因为资源有限，客户范围比较窄，只做了其中两个门类，并且一个门类只是做了两个部分。在听了贾伟老师的课程之后，我在考虑，我们可不可以也推出一个共享平台，共享设计师、共享供应商，因为设计也需要两块，一个是素材，一个是模型，也是可以通过人往上传，以此提高他们的效率。对于这一点，您有什么建议？

答：中国原来大多数企业都是资源型企业，所谓资源型企业，简单来说就是具有一定资源，而且能够在资源上产生一些价值的企业。未来，我们做的是要打造用户型企业，要有用户逻辑，有用户不断进入的方式，而不是靠认识几个人。其实用户型企业，只要你找到一种方式，用户会源源不断通过你的产品进来。用户型企业后面是产品，用户型企业和资源型企业不同的是共享共创，包括赋能。

所以如果今天你想做一个共享平台，你需要想清楚你要做一个撮合平台，还是赋能平台？如果做一个撮合平台，已经不是最好的时间点了，十年前做是合适的，因为十年前信息不对等，如果用互联网思路做个撮合平台，很容易实现。如果现在做，很多公司都能撮合设计公司或者设计师，但是这些公司已经慢慢从撮合往赋能转，在想办法做产业互联网，想办法做赋能逻辑。

所以，在搭建平台之前，你需要考虑这些用户设计师到你的平台上，你能给他们提供什么。如果这个想不清楚，你只有信息撮合价值，意味着你需要用巨大的资本流量去购买用户流量。撮合平台都需要资金流来支撑。今天已经没有资本愿意用资金来买用户，这就会使你陷入一个非常尴尬的境地。

我们看一些共享单车平台，它们的流量大，但它的商业模式却比较薄弱，因为它只是简单地将人和车连接在一起，是撮合平台模式。而滴滴做的是赋能平台，很多时候滴滴对司机的管理比出租车公司还要正规。举个例子，有一天我从公司打车到家，花费了156元钱，我自动结账了，平台就出现了一个提示：这个司机可能绕行了，你是否要花费这156元？因为参照实际距离，只需要花费100元。这是出租车公司完全做不到的，因为没有数字场景，所以它无法进行赋能。所以，今天你要推出共享平台，一定要赋能，而且是两边赋能，你能赋能给企业什么，能赋能给设计师什么。今天的平台价值要遵循一个逻辑：要做价值品牌，不能简单做流量平台。这个时代不是轻运营时代，你要做别人不愿意干的事、又苦又脏又累的事，才能形成真正的护城河。

问：就设计来讲，目前高校有没有服务设计这种门类？洛可可的人才是引进，还是自己培养呢？

答：从目前来看，我认为中国的教育体系离商业还有一段距离，贡献的大多都是概念性的设计。洛可可在国内11个城市都有自己的分公司，每年做二三千个项目，有8000多个设计机会，其实有一部分是我们跟客户在学习，内部设计师在向客户学习。因为对于一个新的领域、新的模式、新的技术，你每天接触的都是新的东西，我们每天都在向客户学习。设计讲究的是思维，是整合边缘性的项目，把很多资源结合在一起解决问题，不断提高我们的认知和理解，所以我们需要不断地迭代。一直以来，我们对于服务体验的课程也都非常重视，现在正在慢慢沉淀，从2009年到现在已经有十多年的时间了。

问：我们公司正在策划一个新产品——智能炒菜机。听了贾伟老师的课我很受触动，印象最深刻的就是无限游戏的概念，一件事如果能够把它做成无限，那么这件事可以做到非常远。基于这一点，我在想有没有一种可能让我的炒菜机进驻很多名厨，我把机械方案接口给到他们，让他们可以利用机器调成名厨想要的味道，线上推广、配送都由他去完成。这里面会聚集非常多的名厨和线下O2O（线上到线下）店。对于消费者而言，因为他配的是定制菜，不需要人工炒，消费者可以得到更多的实惠。而对于名厨来讲，他的菜可以快速推广到全天下。老师觉得我这种设想是否可行？

答：你还没有突破用户，真正吃的人不是厨师，是用户。我用你刚刚的思路再往下想一个场景，为什么不做明星菜品？比如鹿晗土豆丝，是鹿晗最喜欢吃的或者鹿晗亲自炒的味道。现在很多名人开餐厅，但是成功的却没有几个，因为他们没时间管。但是有了智能炒菜机，鹿晗就不需要开餐厅了，这个炒菜机就是他的餐厅，只要买个炒菜机回去，就可以天天吃鹿晗土豆丝，甚至鹿晗还给你定制菜。对于鹿晗的粉丝而言，他们不关心厨师，关心的是鹿晗喜欢吃什么，我没有办法和鹿晗共同进餐，我还不可以和他吃同一道菜吗？今天鹿晗吃土豆丝，我也吃土豆丝，明天鹿晗吃蛋炒饭，我也和他一起吃味道一样的蛋炒饭。在这个过程中，你只需要做一件事，为明星和粉丝赋能，帮助他们一起吃同一道菜。

学员感悟

让产品拥有灵魂

北京奕方华肽生物科技有限公司创始人 **王书敏**

有幸加入贾伟老师在黑马开设的产品创新黑马实验室，这使我受益匪浅，最大的收获是贾老师帮助我走出狭隘，触摸到了产品的灵魂。其中三点，我记忆尤为深刻：

第一，企业视角到用户视角的转变。这使我重新领悟到产品的含义：企业文化是产品，对顾客的服务是产品，售卖的有形物品是产品，未曾经历的未来是产品，合伙人之间也是产品……凡此种种，让我对产品的认知更加深刻，也正是因为我们一直没有用户视角的多维度思维，才导致很多时候我们所推出的产品和服务并不是顾客所需要的，我们的企业文化不能感染员工等问题的出现。所以，我们应该学会从“TA会怎么想”开始思考产品三观。

第二，拥有灵魂的产品。产品的打造过程中，创始人的世界观至关重要。很喜欢老师上课时说的一句话：“预测未来不如创造未来”，作为创始人，用超越自我的世界观、用户视角去创造产品，才会体现出不一样的产品生命与其存在的意义。

第三，创始人的初心。关于初心这一点，我在贾伟老师身上看到了极为贴切的解答。他自己就是一本行走的初心指南，不断迸发出的新鲜思想和对一些未知世界的追求与研悟，让我看到了一个企业成长对创始人的基本需求——创始人基于自己的赛道保持着对环境、讯息、未来的敏锐嗅觉和不灭的好奇心、求知心。有了这些，才能坚持初心，坚守初心，解读初心，将初心的真心释放出来。以产品为基石，坚持自己的选择，并将它领向成功，才能说初心不改，才会有基业长青。

很荣幸成为贾伟老师实验室的学员，他是一位非常出色的老师，他的诙谐、幽默、代入感强自不必说。老师在产品打造上，无论是对极致的执着追求，以假乱真的场景构建，都给我留下了深刻印象，甚至让我产生一种如果不跟自己的产品谈一场深刻的恋爱，都对不起这一世的想法。本次学习让我真正解读到产品的灵魂物语，我甚至感觉，很多企业创始人都应该回到产品三观这个原点去重新定义自己。因为那才是我们创业的初心、基业长青的根基。感谢洛可可的导师团队，为我们带来的这场极致产品的创造盛宴。

从用户角度思考产品的终端形态

上海多知互联网科技有限公司创始人 **姜蕾**

非常荣幸有机会能从众多的报名学员中脱颖而出，成为产品创新黑马实验室的第一批学员。实验室的学习开启了我对用户体验的视角，从用户角度思考终端产品的形态，再结合芯片电子供应链，打开了我的一扇新的窗户，希望芯片超人可以和洛可可一起设计美好世界，非常感谢贾伟老师和他的团队。

产品三观帮我找到清晰的品牌方向

北京甜蜜诱惑食品有限公司创始人 **赵梓童**

创业15年，一直想打造一个“现象级的、能代表一种生活方式”的品牌，带着这个梦想，我开始从产品创新黑马实验室中寻找导师。网红故宫、设计世界，一个经典的案例，一个动人的理念，让我意识到贾伟老师的实验室就是我要选择的！学习过程中，贾伟老师对产品三观——用户观、产品观、世界观的深刻梳理，帮助我们找到了清晰的品牌方向，这次学习可谓价值千金！如今我们和贾伟老师的洛客公司正合作打造品牌。我感觉，英国维珍集团总裁理查德·布兰森的“一切行业都是创意业”，和贾伟老师的“设计美好世界”，都包涵有相当博大的世界观！

每个创始人心里都有一个宏伟的蓝图

北京华云天下科技有限公司创始人 **乔素林**

我和贾老师认识是一个缘分，短短30分钟大课演讲，我就认定要参加贾老师的产品创新黑马实验室，我相信我们的事业一定会有交集。贾老师讲课诙谐幽默，激情四射，非常具有感染力，让人意犹未尽。除此之外，还有一个特点——喜欢拖堂，当然，这一点非常受大家欢迎。对于同学们的任何问题，贾老师都从来不拒绝，而在其实验室课程结束后，还主动提出免费给我们开小灶，开中灶，开大灶，基本上又给同学们赠了一堂课，小灶是邀请大家去洛可可公司进行的，我们能感受到他是用心的给我们分享，把我们的企业当成他自己的企业在思考，认真给我们提出建议。我感受最深的一条就是贾老师告诉我们：每个创始人心里都有一个宏伟的蓝图，而且随着时间还会不断的加宽，这是创始人长期保持激情的根源。而结合创业实际来讲，一定要找一个点，打穿、打透，而且这个点一定不是技术的点，应该是赚钱的点，这一点真的让我茅塞顿开。

无论是打造产品，还是经营企业，贾伟老师都给了我很大的启发。我以前对产品经理的定义是狭义的。很多人把产品经理停留在用户这一侧，甚至没有触达用户这一侧；然后价值观不是靠产品经理，是靠组织团队的；再到世界观，是跳出你的圈子，甚至你的行业，从人生观上面给行业做价值、做贡献，真的是刷新了我的三观，在此我对老师表示真诚的感谢，欢迎大家一起加入贾伟老师实验室，一起加速成长。

感谢老师帮助我对项目进行深度分析

广州同美品牌管理有限公司创始人 **彭黎霞**

非常感谢洛可可的团队和贾伟老师，还有产品创新黑马实验室，给了我们一次开小灶的机会，在这次小灶的过程里面，贾伟老师带着他的团队帮我们深度地去分析了我们新起项目的商业模式，从产品业务方面做了深度的剖析，非常有收获，期待后面在业务上会和洛可可有一些合作，也非常感谢贾伟老师帮我们做了一些资源的链接，非常推荐做产品的企业家们去参加贾伟老师的实验室，这样的课程，非常有收获。

部分学员名录

程欢欢

武汉美利美生商贸发展有限公司创始人

武汉美利美生商贸发展有限公司是上市公司怡亚通旗下合资公司，主营家电和医药的供应链管理服务，拥有全链条的互联网营销服务团队。

邓李威

深圳市六道文化传播有限公司创始人

公司创立于2014年，是一家集策略思维、卓越创意和丰富实战经验于一体的“体验式营销”空间传播整合专家。融合企业文化、品牌故事、产品陈列，为客户提供数字化、多元化、专业化的企业品牌展厅展馆空间设计和高品质的施工服务。

姜蕾

上海多知互联网科技有限公司创始人

公司致力于在物联网应用场景碎片化的特征中，把握芯片从通用化走向专用化的发展趋势，打造符合行业趋势的新型半导体分销平台。一方面，为上游芯片设计企业提供市场销售平台；另一方面，针对下游长尾终端场景提供智能应用技术。

林翀

福州未本品牌策划有限公司创始人

未本是一家垂直在快消品领域，以产品创新为支点，集合企业战略营销咨询、产品创新设计、品牌运营推广的一体化服务公司。

刘翔

湖北李时珍大健康股份有限公司创始人

公司秉承“药圣”李时珍匠心精神，长期致力于为国人提供更专业的草本护理方案。企业从技术研发、药材种植、规模生产、品牌建设等多维度互哺联动，形成了需供产一体化的大健康产业生态体系。

彭黎霞

广州同美品牌管理有限公司创始人

广州同美公司成立于2015年，主要负责“I AM NOT”品牌在中国地区的发展、“I AM NOT”产品生产研发、线上线下实体店销售等综合业务。公司核心产品以高档真皮女包为主，兼营时尚男女皮包、箱包、鞋帽、服装、时尚配饰等。

乔素林

北京华云天下科技有限公司创始人

华云天下是一家以人工智能为驱动，为企业提供在线智能联络中心和机器人的SaaS型软件服务企业。华云天下基于电信网络、有线电视网络、互联网，利用先进的云计算技术和AI技术，构建了统一通信云平台、智能联络云平台和虚拟服务机器人云平台，助力企业快速上云、便捷上云，为广大企事业单位提供一站式上云等SaaS服务。

王书敏

北京奕方华肽生物科技有限公司创始人

北京奕方华肽生物科技有限公司是一家专门致力于生物小分子肽提取生产、产品研发、市场销售的高新技术企业。

杨小宁

北京紫峰投资管理有限公司创始人

北京紫峰投资管理有限公司是一家专注于服务中国新经济的投资机构，成立于2014年。紫峰资本的核心投向是：以新能源汽车产业为核心的汽车零部件制造以及半导体新兴技术产业等领域。它投资的多家企业成功登陆科创板。

张佳颖

内蒙古策义科技集团创始人

策义科技集团成立于2017年，国家高新技术企业，目前团队160余人，在成都、北航、中科院（深圳）等设有联合实验室；已申请国家级、自治区级科技项目5项，已获批专利等知识产权60余项，被授予“国家级众创空间”称号；致力于成为一家以计算机图形学为基础、以数字孪生技术为核心的中国原创科技公司。

赵梓潼

北京甜蜜诱惑食品有限公司创始人

公司创立于2004年。主营业务：品牌商及食品贸易。主要客户：沃尔玛山姆会员店、每日优鲜、7-11便利店、京东商城、天猫等全国平台，均为一级代理。自有品牌：小于三。

朱国亮

新疆天创安邦信息科技有限公司创始人

公司成立于2017年，主要从事安检排爆设备的研发、生产与销售，食品检测设备的研发、生产与销售，以及各类相关培训服务工作。目前公司研发生产的智能识别安检设备、智慧安检平台、无人机侦测与反制设备广泛运用于安检排爆工作第一线。

张琳

北京汇曦思源科技有限责任公司创始人

公司是一个服务中小学的心理健康平台，包含心理筛查预警、游戏化测评、心理循证阅读、心理师资培训等。

李君

北京晨语筝业教育科技有限公司创始人

公司致力于弘扬中华传统音乐文化，以内容创新、科技创新为引领，构建简单快乐的音乐生活、教育方式。发明首台智能古筝，利用智能科技赋能民族乐器，让世界爱上中国音乐！

王琰

广州市东域信息科技有限公司创始人

梧桐台重度垂直服饰产业，是S2B的产业互联网服务平台，线上线下融合，通过整合产业链设计师、上下游供应商、采购商，深度服务服饰品牌进行研发设计订单对接、品牌订货批发订单对接、服饰加工订单对接、面辅料集采订单对接，为行业促成更多更快更好的交易。